¡Mi perro es un maleducado!

EDICIÓN ORIGINAL

Dirección editorial: Catherine Delprat

Edición: Sylvie Cattaneo-Naves, asistida por Anne-Sophie Carpentier y Audret Parvais

Dirección artística: Emmanuel Chaspoul

Concepción gráfica: Emmanuel Chaspoul

Formación: Ettiene Henocq

Iconografía: Anne-Sophie Carpentier,

Fotos de reportaje: Olivier Ploton

Portada: Véronique Laporte

EDICIÓN PARA AMÉRICA LATINA

Dirección editorial: Tomás García Cerezo

Gerencia editorial: Jorge Ramírez Chávez

Traducción: Ediciones Larousse, S.A. de C.V.,
con la colaboración de Delgado & Ribenack, Traductores Asociados, S.C.

Formación: Ricardo Viesca M.

Edición técnica: Roberto Gómez Martínez, Susana Cardoso Tinoco

Adaptación de portada: Pacto Publicidad, S.A.

Fotos de portada: 1ª de forros: foto principal, © Marie/Masterfile; viñeta, O. Ploton © Col. Larousse.
4ª de forros: viñeta arr. izq. © Anne Kitzman-Fotolia.com; viñetas arr. der. y ab.
O. Ploton © Col. Larousse.

D.R. © MMXI Ediciones Larousse, S.A. de C.V.
Renacimiento 180, Col. San Juan Tlihuaca,
México, 02400, D.F.

Publicado originalmente por © MMXI Larousse, S.A.

ISBN: 978-2-03-583878-0 (Larousse, S.A.)
978-607-21-0355-9 (Para esta obra)

Primera edición, abril de 2011

¡Mi perro es un maleducado!

Karine Molinié,
Marie-Sonia Etchegaray

LAROUSSE

))) CONTENIDO

III RESUELVE LOS 12 PROBLEMAS MÁS FRECUENTES — 110

Las autoras

Karine Molinié y **Marie-Sonia Etchegaray** son comportamentalistas de perros y gatos. Se conocieron en el año 2003 durante una capacitación en etología, lo cual marcó el inicio de una colaboración basada en la misma vocación y en la amistad. Apasionadas por los perros desde siempre, desarrollaron líneas de trabajo complementarias:

• **Karine,** profesional de campo, es también entrenadora de perros, creadora de los "canistages" y presidenta fundadora de la Agrupación Europea de Comportamentalistas Caninos (GECC, por sus siglas en francés). Entrenadora certificada, autorizada por el Ministerio del Interior para expedir certificados de aptitud y para la detención de perros clasificados y mordelones. Junto con su compañera, cría perros de la raza rottweiler bajo el nombre de "El clan de los pastores de Rottweil".

• **Marie-Sonia** se especializó en neurociencias comportamentales, una innovadora herramienta que permite formular una nueva interpretación del comportamiento animal. Capacita a sus colegas dentro de esta área, así como a todo tipo de profesionales del mundo canino.

Ambas colaboran en el Centro de Estudios y Capacitación en Comportamiento Animal (Cefca, por sus siglas en francés). Constantemente son invitadas por los medios de comunicación (Karine condujo el programa *Ayuda, mi perro ha tomado el control* en M6); también participan en la radio y los periódicos.

Karine y Marie-Sonia están comprometidas en igual medida con la protección animal y ofrecen asesoría a las familias anfitrionas y adoptantes. Karine se ofreció de manera voluntaria a colaborar con el programa *Sin collar Provenza* (Var); Marie-Sonia es la vicepresidenta de la Asociación SOS Vies de chiens (SOS Vida de Perros) *en Dordogne.*

Prefacio

¡**L**os problemas de comportamiento del perro no son tantos como crees! Sólo debes tener cuidado para no hacer conjeturas demasiado apresuradas que te lleven a confundir un comportamiento normal, aunque molesto, con uno verdaderamente patológico.

Una estimulación insuficiente durante las primeras semanas de vida de un perro puede dejar huellas y modificar por tiempo indefinido su manera de sociabilizar. Un miedo excesivo también puede acarrear problemas y convertirse en una patología. En resumen, todo aquello que modifica el comportamiento de un perro de forma excesiva puede ocasionar un problema.

Este libro de **Karine Molinié** y de **Marie-Sonia Etchegaray**, ambas comportamentalistas, presenta de manera humorística la mejor forma de comprender a tu perro y educarlo día tras día.

Para vivir en perfecta armonía con tu compañero, es necesario aprender aquello que por derecho puede hacer o no hacer, tal como si se encontrara en el seno de una manada. Restablecer el equilibrio no significa dominar o incluso humillar al perro. Ser el jefe de la manada tampoco quiere decir que debemos hacer que el perro nos tema.

Ofrecerle un entorno respetuoso es la base de una buena relación contigo, de su equilibrio y de su capacidad de ser feliz con su nueva familia. El objetivo es que tenga una "mente sana" para que puedas llevarlo contigo a todas partes desde su llegada.

¡Nada de caer en las trampas de esta encantadora bola de pelo! Muchos se dejarán llevar equivocadamente por la ternura al pensar que un cachorro de 8 semanas es incapaz de aprender, lo cual es totalmente falso. Desde la llegada de un cachorro o de un perro adulto es importante que toda la familia hable el mismo idioma. El animal deberá aceptar a todos los humanos con los que vive y los comportamientos de éstos deberán tener coherencia para él.

Este libro te ayudará a evitar errores al adoptar desde el principio buenos hábitos que garanticen una relación equilibrada y enriquecedora, tanto para tu perro como para toda la familia. Descubrirás la base de importantes aprendizajes que deberá asimilar y la manera de enseñárselos. ¡Sin olvidar algunos consejos y trucos que te permitirán comprender mejor el comportamiento de tu perro!

Patrick Schmitz
Educador canino comportamentalista
Director del Centro de Estudios y Capacitación en Comportamiento Animal (Cefca)

I. Las bases de la educación

Comprende A TU PERRO

1

Orígenes
DEL PERRO

Ahí lo tienes, tan pequeñito, sentado en tu sala por primera vez, con sus orejitas muy cortas, su cara redonda, su suave pelaje lanudo, en fin. ¡Un verdadero muñeco de peluche!

UN CAZADOR NATO

Sus ancestros, los lobos, durante miles de años han recorrido las grandes llanuras, vivido en los bosques y, sobre todo, han cazado para alimentarse, acorralando y matando a pobres animalitos inocentes...

Sin duda, la particularidad más importante del perro es la de ser carnívoro. Está perfectamente habilitado para

▲ No te fíes de las apariencias: ¡tu nuevo compañero desciende de los lobos!

que él mismo se encarga de recordárnoslo, seguramente de manera abrupta, al presentarse algún problema... mostrándonos su encantador equipo de supervivencia: ¡su magnífica dentadura!

DE LA COEXISTENCIA A LA DOMESTICACIÓN

Desde hace miles de años el hombre ha vivido en compañía del perro. Los primeros vestigios de su coexistencia datan de hace 6 000 años: se trata de tumbas de hombres enterrados con un canino a su lado. Hasta la fecha ignoramos la razón de esta práctica: ¿sacrificio

▲ Si el hombre no lo hubiera domesticado, el perro seguiría desgarrando a sus presas con sus bellos dientes.

esta actividad. Poseedor de una buena fila de dientes, un olfato fuera de lo común, la resistencia para rastrear a su presa por varios kilómetros y en todo tipo de terreno: ¡es un verdadero asesino!

Dejemos ahí la descripción antes de que te apresures a devolverlo al criadero; el objetivo no es que te asustes, simplemente recordarte sus orígenes. A menudo olvidamos de dónde viene nuestro agradable compañero, hasta

▲ Y es así como el hombre y el perro han coexistido durante miles de años.

ritual del perro?, ¿perro como compañero de tumba?, ¿accidente del amo y del perro?

En efecto, el hombre se dio cuenta rápidamente de la utilidad de dar albergue a los caninos, ya sea para el cuidado de su campamento o para utilizarlos en la caza. Y, con el paso del tiempo, los perros salvajes se transformaron en perros domesticados (del latín *domus*, que significa "casa").

Según Mac Donald, un investigador estadounidense, al hombre le atraen los animales que presentan características neoténicas (cara redonda, la apariencia de un bebé enternecedor). De ahí surge su hipótesis de la domesticación del perro en la época prehistórica: los hombres recogían a los cachorros y luego los educaban.

A PESAR DE UNA ESTRICTA SELECCIÓN, ¿HAN CAMBIADO LOS PERROS?

A lo largo de la historia, el hombre ha moldeado el carácter de los perros en función de sus necesidades. Ha seleccionado con paciencia a su compañero, moldeándolo a lo largo de miles de años para obtener al amigo perfecto que conocemos hoy día, dando origen a una multitud de razas adaptadas para las tareas que les hemos asignado.

Sin embargo, si los perros de cabeza redonda, ojos saltones y pequeñas orejas son los preferidos de muchos en la actualidad (chihuahua, bulldog...) es porque el hombre instintivamente es atraído por este tipo de físico.

Esta diferencia entre un aspecto físico enternecedor de algunos perros y la cruda realidad a la que nos enfrentamos ante la agresividad del animal produce un violento desconcierto en los amos.

▲ El perro ha sido moldeado por el hombre para convertirse en un compañero fiel e indispensable.

¡De tal amo, tal perro!

El hombre es un mono de aspecto juvenil que jamás terminó su maduración cerebral. Esta característica le permite adaptarse y aprender durante toda su vida. Durante la selección natural del perro, el hombre ha preferido a aquellos que poseen esta misma característica.

Por otro lado, el perro también es un lobo de aspecto juvenil. Al igual que el hombre, se adapta y aprende durante toda su vida. Por ello, los perros soportan los cambios de ambiente y de amo, hasta una edad avanzada, y conservan sus comportamientos de juego durante toda la vida.

Descubrir repentinamente el alma primitiva animal que nos hemos esforzado en borrar resulta difícil e incluso violento. Aceptar la naturaleza profunda del perro es la primera etapa para la adopción de un nuevo compañero.

LAS OBLIGACIONES
de vivir con el hombre

Para vivir con el hombre, el perro necesita de varios accesorios. Los collares y correas son bien conocidos, pero existen otros utensilios de educación que pueden ser indispensables, sin olvidarse de los juguetes.

¿PARA QUÉ TANTOS ACCESORIOS?

Algunos son indispensables para su seguridad: collar y correa o arnés para sus salidas a la calle y placa de identificación.

Otros son para su comodidad e higiene, por ejemplo: tapetes o cojines mullidos para que estén cómodos, cepillo que algunos adoran y otros detestan.

Infelizmente otros son de naturaleza obligatoria de acuerdo con la ley, cuando se trata de perros de las categorías 1 y 2: los bozales (consulta la barra lateral).

Las cosas se complican cuando escogemos el arsenal del ajuar canino, que ha evolucionado para bien o para mal. Las revistas no son más que un recurso para fomentar el consumo. Si bien hay algunos accesorios, como las galletas para perro que no hacen mucho mal (excepto si tu perro tiene sobrepeso), el resto se sale de los límites entre lo que es cuidar el interés de tu compañero y lo que significa el maltrato.

CONSEJOS DE UN COMPORTAMENTALISTA

Para los comportamentalistas y para muchos de nosotros resulta difícil ver pasar a un pobre chihuahua enfundado en una camiseta que hace juego con la de su dueña, o un terrier dentro de un cochecito para bebé mientras que podría estar corriendo por el césped, o un cócker con una gorra que le pincha las orejas, o un bulldog con anteojos para el sol, o incluso un poodle perfumado para quien su olfato tan sensible hace de esto una tortura. Todo esto sólo nos inspira una reacción de desaprobación ante las acciones del amo y un suspiro desolador para el pobre animal transformado en juguete de lujo.

▲ Resístete a la tentación: ¡no transformes a tu compañero en un juguete de lujo!

Si agregamos toda una gama de comportamientos naturales del perro, así como los no aceptados por el pudor y el gusto humano, obtendremos un yugo muy difícil de llevar para muchos perros. Oler el trasero de un congénere, gruñir cuando alguien se acerca a su hueso, hacer hoyos en el jardín, olfatear las partes que transmiten mucha información (entrepiernas, axilas, boca, manos), rodarse en una carroña nauseabunda... ¡esto sí que es vida!, y no la de esa pequeña poodle toda emperifollada con perfumes. Debemos aceptar que hay que dejarlos vivir una verdadera vida de perro, una vida adaptada a sus necesidades.

LOS ACCESORIOS INDISPENSABLES

• **Un tapete,** una perrera de interior o exterior o un canasto. Elige este cómodo accesorio a tu conveniencia, pero resérvalo exclusivamente para tu perro.

➤ Juguetes para mantenerlo ocupado y para que haga ejercicio.

Bozales: ¡cuidado!

Cuidado con los bozales de tela que les cierran el hocico y les impiden jadear. No dejaremos de repetirlo una y otra vez: un perro transpira y regula su temperatura por las mucosas y las almohadillas palmares. Al usar el bozal evitas que se refresque y por eso puede darles insolación durante el verano. Es como si lo envolvieras en una bolsa de plástico.

Si tienes que sacar a tu perro con bozal, usa un bozal de adiestramiento adecuado con el cual pueda abrir bien el hocico.

• **Juguetes a elegir:** juguetes que chillan, muy apreciados pero con frecuencia una molestia para los oídos; juguetes de hule natural con orificios para rellenarlos de alimento (tu perro se pasará horas entretenido); un *frisbee* o una pelota (una buena forma para que haga más ejercicio).

• **Un collar,** un arnés de cabeza o sencillo. Los collares estranguladores son útiles si se utilizan correctamente; al principio sólo los utilizaban los adiestradores porque sabían dosificar las correcciones. Actualmente, vemos perros con la tráquea lastimada porque sus amos no saben usarlos.

• **Una correa** de adiestramiento con dos asas, de cuero o tela, que se pueda utilizar corta para andar por la ciudad, de largo medio para pasear y más larga para relajarse. Evita las correas que se autoenrollan y quedan muy cortas o son extensibles; son la mejor forma de enseñar a tu perro a tirar de la correa.

• **Un bozal** para los perros de las categorías 1 o 2 (consulta la barra lateral).

➤ Un rincón cómodo sólo para él.

> *Nunca olvides que cuando adoptas un perro te comprometes a hacerte cargo de él, no es un juguete ni un peluche, ni mucho menos un bebé.*

Las expectativas
del hombre: ¿MUY ALTAS?

El perro es producto del hombre: durante siglos ha sido formado, escogido, moldeado por su "creador" para responder a las expectativas de éste. Pero, ¿está siempre a la altura?

¿QUÉ HARÍAMOS SIN LOS PERROS?

Perros de rescate, salvamento, rescate acuático, investigación (especialmente detectores de narcóticos), asistencia para discapacitados, lazarillos, pastores, guardianes, defensa, etcétera.

Perros de compañía, con frecuencia los únicos compañeros de vida de ancianos o personas solas, para quienes su perro representa una imprescindible boya salvavidas que razona.

Perros de competencia en las múltiples disciplinas creadas por el hombre: belleza, ring francés, olfateo, obediencia, agilidad, etcétera.

Perros de linaje prestigioso, que han sido cuidadosamente seleccionados generación tras generación por una sucesión de criadores apasionados. ¡Todo esto es tan asombroso!

SIN EMBARGO, ¡SE TRATA SÓLO DE UN PERRO!

Por tal razón, el perro con frecuencia regresa a su naturaleza animal, de la cual el hombre casi se ha olvidado y, lo que es peor, omite tratarlo como tal. En la actualidad, muy a menudo los amos abandonan a sus perros porque no responden a sus expectativas y a la imagen que se habían hecho de ellos.

Los medios contribuyen en gran medida a la deformación de la visión que las personas tienen cotidianamente sobre una raza u otra. Tenemos a Rintintín, el pastor alemán; Belle, el gran pirineo, y Sebastián; Lassie, la collie fiel, y otros grandes héroes de la pantalla chica que por generaciones han encantado a los niños, pero también han confundido a muchas familias en la búsqueda del compañero ideal.

Debemos aceptar que estaremos dando albergue a un perro común y corriente y no a un "superhéroe".

➤ Elige bien a tu perro; para ello define tus expectativas: ¿competencia, compañía, caza?

Por desgracia, este fenómeno se extiende más allá de los perros. Ahí tenemos a Nemo, el pez payaso responsable de la disminución de la población de esta especie en el fondo marino porque es la pasión de miles de acuariófilos inexpertos. Y centenares de ratas domésticas andan circulando por todas las alcantarillas de las grandes ciudades ante la pesadilla que ha provocado el gran éxito de la película *Ratatouille*. ¿Y quién es el responsable? ¿Los niños maravillados por una bella historia que los hace soñar con tener una ratita en la casa, o los adultos irresponsables que acceden a comprarles una?

ESCOGE BIEN A TU PERRO

La socialización, la familiarización, el temperamento, el carácter y la educación de un perro son los elementos primordiales que hacen que tu mascota responda a tus expectativas. Elige bien a tu perro teniendo en cuenta estos elementos, de los cuales hablaremos en los siguientes capítulos, que son indispensables para evitar grandes decepciones.

También es importante elegir a tu perro sin ceder a las tendencias de la moda.

Sobre todo, no olvides que es un trabajo diario moldear a tu perro y aprender a vivir con él. Si su comportamiento es problemático a veces, será necesario que recapacites: ¿en verdad se trata de un problema de comportamiento o con sus acciones incomprensibles para ti está tratando de mostrar un malestar producido por tus altas expectativas?

¡Víctimas de la moda!

Recordemos a los cientos de desafortunados huskys que saturaron los refugios, sólo por tener unos bellos ojos azules. Como era de esperarse, no podían estar restringidos al espacio que va del sofá a la calefacción de la sala porque necesitan moverse por kilómetros todos los días.

En la actualidad, los perros más musculosos son los que a menudo pagan un tributo muy caro: los rottweilers, amstaffs, canes corso, dogos argentinos y cruzas de estas razas son los más abandonados en los refugios, si es que no han sido mandados directamente a la eutanasia.

Datos estadísticos

Cada año, en Francia, hay 200 000 abandonos y entre 40 000 y 50 000 eutanasias de perros y gatos. En Estados Unidos, la vida promedio de un perro no pasa de 2 años.

EL COMPORTAMIENTO:
los puntos importantes

Sociabilización, familiarización. ¿De qué tratan estos temas? Aun sin ser un etólogo es importante que lo sepas, ya que de ellos depende el comportamiento de tu perro con sus congéneres y en su entorno, por el resto de sus días.

▲ Como sucede con los humanos, las primeras semanas del perro son esenciales para su desarrollo futuro.

LAS EXPERIENCIAS DE LA VIDA

Durante su infancia, cada semana es importante y tiene una función precisa. Por ejemplo, si a un cachorro se le separa por una semana de la camada debido a una enfermedad, puede desarrollar un comportamiento de inadaptación a sus congéneres para toda su vida, por lo que sociabilizar es un aspecto primordial.

La familiarización es igualmente indispensable ya que condiciona para toda la vida la adaptabilidad o inadaptabilidad de tu compañero con su entorno, es decir, la posibilidad de desarrollar buenas o malas relaciones con el amo.

Hagamos una recapitulación de estos dos importantes puntos que debes conocer al adquirir o elegir un perro, sea cachorro o adulto.

LA SOCIABILIZACIÓN

El cachorro nace sordo, ciego e incapaz de mover nada más que sus patas: duerme, mama, chilla, y ¡eso es todo! Poco a poco sus sentidos se van a desarrollar al igual que su locomoción.

Paralelamente, descubre su entorno, a su madre, a sus hermanos y hermanas... Además se volverá más activo, jugará y aprenderá a comunicarse con los otros perros. Sencillamente, aprenderá a ser un perro.

El trabajo de sociabilización se lleva a cabo ya sea con el criador o con la familia con la que se encuentra la madre. Un cachorro separado demasiado pronto de su madre y de sus hermanos podría no haber aprendido todas las formas de comunicación canina, y en la edad adulta ser incapaz de comunicarse con los otros perros. Esta incapacidad continuamente será castigada con agresiones.

▲Jugar con sus congéneres es necesario para la buena sociabilización del cachorro.

▲ A través del contacto con el hombre, el perro aprende a comunicarse con él, de todas las formas y en todas las situaciones.

LA FAMILIARIZACIÓN

El perro sabe comunicarse con los otros perros. ¡Eso es bueno! Sin embargo, es raro que los perros vivan libres en una jauría y sin contacto con el hombre. A partir de las 8 semanas de vida, por lo general crecen en una familia, con humanos que no hablan su idioma y que no tienen en absoluto las mismas costumbres.

La familiarización para el perro consiste en el aprendizaje del mundo humano y de las personas. El animal registra cualquier clase de estímulos que serán considerados normales para él.

La familiarización, que comenzó con el criador, continúa con la familia adoptante y debe establecerse con cuidado, sin provocar temor jamás.

▲ La familiarización inicia con el criador y debe continuar cotidianamente con la familia que lo ha adoptado.

Un mundo de cosas por descubrir

El cachorro debe acostumbrarse a los ruidos de la ciudad, de la casa: necesita aprender a conocer la televisión, la aspiradora, el auto, los hombres, las mujeres, los niños, etc. También podemos familiarizarlo con otros animales: gatos, pollos, etc. Podremos incluso acostumbrarlo a los disparos de un fusil, como se hace con los perros de caza, al mar o a la nieve como los perros de rescate. Una vez con su familia adoptante, es primordial que su proceso de familiarización continúe. Un cachorro bien familiarizado puede perder todo lo aprendido si se le deja solo en un jardín.

> Con la sociabilización se forma el carácter de un perro ante sus congéneres de manera duradera, mientras que la familiarización permite tener un perro "todoterreno".

LOS SENTIDOS del perro

¿En qué universo vive tu perro?
En un universo hecho de sonidos y olores principalmente.
He aquí cómo se entrelazan sus cinco sentidos.

LA VISTA

Como muchos depredadores, el perro detecta esencialmente el movimiento. Cuando los lobos en cautiverio reciben su comida, la buscan sin observar, sólo olfatean el suelo y la localizan si la zona no está muy saturada de olores. El espectro de colores que perciben los caninos es muy pobre contra el que percibe el hombre.

▲ La vista de un perro no es muy buena. ¡Por fortuna su oído y olfato son excelentes!

Un ejemplo sencillo: observa la torpeza de tu perro cuando intenta reconocer a alguien desde lejos si no tiene información adicional. En una calle saturada de olores, encerrado dentro del automóvil sin ninguna información olfativa, se pone a mover la cola a todas las personas de aspecto conocido. No es sino a unos pocos metros que puede percibir su olor y entonces reacciona.

Su vista no es lo suficientemente buena como para distinguir los rasgos de un rostro.

EL OÍDO

Éste es uno de los sentidos más desarrollados en el perro, pues puede escuchar sonidos inaudibles para el oído humano, como los silbidos ultrasónicos.

Si una tarde se sobresalta y para las orejas es porque percibió un ruido a unos kilómetros de distancia, muy por encima de nosotros, los pobres humanos, quienes parecemos sordos a su lado.

Observa los esfuerzos desesperados que hace por llamar tu atención en esos momentos, para finalmente ver con desesperación que no haces nada. El humano no compite en lo que se refiere al sentido del oído.

Si tu perro tiene un comportamiento que no entiendes, sigue la pista, es posible que haya asociado un sonido inaudible para ti con una determinada situación que le ha hecho sentir miedo, mientras que para ti no pasa nada. Él tiene un oído muy fino y tú no.

Explorar el comportamiento de los perros con frecuencia nos transforma en Sherlock Holmes.

▲ El perro tiene una nariz infalible: puede seguir un rastro por kilómetros y durante mucho tiempo.

▲ Al perro le gusta su alimento por el olor, no porque tenga buen sabor.

EL GUSTO

Es ahí donde no hay discusión, el hombre es quien gana. Si el alimento para perros huele bien, es gracias a que está atiborrado de componentes apetecibles para el olfato. En realidad, casi no sabe a nada. El perro no se preocupa: aprecia los alimentos esencialmente con su nariz. Indudablemente es por esta razón que adora la carroña, que le provoca tanto asco a cualquier humano.

EL TACTO

Una vez más, el hombre supera al animal. Estamos excelentemente dotados para percibir sensaciones, y tal vez sea mejor así: esto permite a nuestro compañero resistir mejor el calor y el frío, de la misma manera que el dolor.

Un perro puede tolerar las heridas y otros problemas físicos que a nosotros nos harían gritar. De aquí la importancia de observarlos atentamente para saber si están sufriendo y por qué, ya que los perros no son muy expresivos respecto a esto.

EL OLFATO

En este ámbito, el perro es el campeón, ¡y por mucho! Puede seguir un rastro por varios kilómetros y horas después detectar droga dentro de gruesos empaques.

Perfumar a un perro puede acarrear grandes catástrofes: se perturba su percepción del entorno y su capacidad para reconocer a sus amos. Es como vendarse los ojos antes de ponerse al volante.

¡Cuidado con el antropomorfismo!

Revolcarse en la carroña, husmear en los hoyos, aullar en coro, lamerse el trasero... son algunos de los comportamientos del perro que nos dejan perplejos.

Pero nada peor que la señora que pretende obstinadamente hacer que su pequeño poodle meta la lengua diciéndole: "Es de mala educación sacar la lengua".

Y el ganador es...
La mucosa olfativa de un perro grande abarca una superficie comprendida entre 150 y 200 cm², mientras que en el hombre abarca sólo 4 cm².

EL LENGUAJE del perro

Cuántas personas dicen de su perro que... ¡sólo le falta hablar!
Pero en efecto tienen un lenguaje propio de su especie.

UN LENGUAJE MATIZADO Y UNIVERSAL

Para comprender a tu perro y descifrar su comportamiento, es inútil buscar explicaciones humanas. Lo que hace falta es comenzar por entender su lenguaje y expresiones que no se limitan simplemente a los ladridos. Su lenguaje es amplio en matices: quejidos, aullidos, gemidos, gruñidos, chillidos.

Comprender su lenguaje te permitirá descifrar a todos sus congéneres de igual manera. Entonces, aprender esta lengua extranjera, con la que podrás comprender a todos los habitantes de un planeta de un solo golpe, indica que vale la pena dar ese golpe.

¿PERO QUÉ ME QUIEREN DECIR?

• **El quejido.** Algunos perros hacen un ruido sordo o ronco cuando se les acaricia. Así es la forma en la que expresan su placer. El rottweiler es un perro que a menudo se queja por placer. ¡Cuidado!, algunos dueños pueden confundir este ruido con un gruñido y se atemorizan.

▲ Belfos retraídos, dientes visibles. ¡Cuidado!, se anuncia una mordida...

▲ Los perros se entienden bien entre ellos gracias a sus posturas y a los diversos sonidos que emiten.

• **El gruñido.** Forma parte de las sesiones de juego de los cachorros y de algunos perros adultos. Regularmente cuando nos divertimos jugando luchitas con un perro, pensamos que gruñe. Pero ten cuidado, si el gruñido se escucha grave y dura mucho, guarda tu distancia.

• **El rugido.** Gruñe con mayor intensidad, levanta los belfos, muestra los dientes. ¡Cuidado!, es una señal de peligro. Si no tienes esto en cuenta, corres el riesgo de que te muerda.

• **El ladrido.** Según el contexto, el ladrido puede tener múltiples significados: podemos entenderlo dentro de una secuencia de juego, una forma de llamar la atención o un aumento de excitación. Con más frecuencia, sirve simplemente como señal de alarma para prevenir una intrusión o para hacerse notar entre los demás.

• **El chillido.** Es un sonido agudo y breve que el perro emite cuando alguien le hace daño. Si le pisas la cola, por ejemplo.

▲ Existen múltiples razones por las cuales un perro aúlla: entrar en contacto con otros perros, imitar una sirena, etcétera.

• **El aullido.** Es el sonido más potente que emite el perro. Con frecuencia es una señal para comunicarse con sus congéneres o una señal de respuesta a un congénere. También hay perros que aúllan cuando escuchan la sirena de los bomberos o de la ambulancia debido a que tratan de imitar ese sonido, esto puede representar un juego para ellos.

• **El gemido.** Un perro puede gemir si se siente ansioso o nervioso, aunque más bien es una forma de llamar la atención. Vemos a un perro castigado sobre su tapete que gime mirando a su amo: "¡Anda, déjame salir!". Pero si te parece una queja, ten cuidado, puede ser una llamada de socorro, por ejemplo a causa de un dolor.

▲ Aprende a descifrar los gemidos de tu perro: ¡puede tratarse de un dolor articular y no de un capricho!

¡Habla esperanto!

El perro tiene una ventaja considerable sobre el humano: cualquier individuo de su especie que se encuentre frente a él habla el esperanto.

Todos los perros del mundo se entienden, sin importar su tamaño, su raza y el continente en el que hayan nacido. Por tal motivo, los problemas generalmente comienzan ¡cuando el hombre trata de meterse en una conversación entre perros!

Deja que lo hagan: ¡ellos se entienden mucho mejor que un francés y un chino!

¡Cuidado!

Un gemido que dura más de lo normal puede ser un indicativo de que tu perro tiene dolor. Consulta inmediatamente al veterinario.

¿Qué partes del cuerpo hay que OBSERVAR?

Los perros no se contienen para ladrar o gruñir. Existe una variedad de movimientos y posiciones que te indicarán eficazmente las intenciones de tu perro.

LAS BASES DEL LENGUAJE CORPORAL

Existen ciertos elementos clave para saber lo que piensa tu perro. A menudo nosotros somos los que descifra-mos equivocadamente su lenguaje: la cola al aire y las orejas levantadas indican que nuestro camarada está más relajado que cuando pone la cola entre las patas y agacha las orejas. Algunos dicen incluso que su perro "sonríe". ¿Y por qué no?

Las observaciones pueden incluso ser más finas: el erizamiento del pelo y la dirección de la mirada son más bien indicadores de su estado emocional. ¿Estará rela-jado, colérico, estresado, inquieto, curioso?

Dentro de la comunicación canina interactúan todas las partes del cuerpo: evita aislar una sola señal para comprenderlo, más bien opta, en la medida de lo posible, por tener un panorama general.

¿QUÉ HAY QUE OBSERVAR?

1 Las orejas. Las orejas agachadas son en general sinónimo de atención, estado de alerta. Si el perro mueve la cola, se retuerce y estira un poco las orejas hacia atrás, quiere decir que está de buen humor. Si las tiene hacia delante y la mirada fija, existe el riesgo de que ataque.

2 La cola. Es un elemento esencial dentro de la comunicación canina (consulta barra lateral). Cortarle la cola a un perro sería un poco como inmovilizarte la cara, como traer una máscara.

3 La mirada. La mirada fija de un perro es a menudo señal de reto. El pelo se eriza, gruñe, las pupilas se dilatan: ¡no te fíes! Aunque también la mirada fija puede

representar confianza, si ésta se dirige hacia las personas con las que vive. El perro también tiene esta mirada cuando está concentrado buscando la forma de comprender lo que pasa o, si está en su sesión de adiestramiento, lo que esperas de él.

Cuando el perro desvía la mirada, quiere decir que no representa una amenaza. El guiñar los ojos puede ser para expresar afecto o miedo.

4 El lomo. Cuando el perro se siente amenazado, está nervioso o cuando tiene miedo, se activa una reacción epidérmica y los pelos de su lomo se erizan. ¡De esta forma parece más robusto y grande, más impresionante! Es un comportamiento que se presenta en muchos animales.

5 Las patas. Un perro golpea con la pata para llamar la atención, cuando quiere demostrar su cariño o mostrar una señal de paz. Por esto es tan fácil enseñarle a un perro a dar la patita, ya que forma parte de su comunicación natural.

Si pone su pata sobre el lomo de otro perro, está buscando una pelea, o un acoplamiento.

6 La boca. Cuando un perro retrae los belfos, muestra sus dientes y al mismo tiempo gruñe, está manifestando su agresividad. Pero si echa los belfos hacia arriba mostrando los colmillos, es más una señal de temor. Sucede que hace el mismo gesto para sonreír: la boca entreabierta con los belfos levantados quiere decir que está contento. Si se lame los belfos o bosteza puede estar estresado o sentirse inseguro.

La cola, un verdadero barómetro

La cola es el primer indicador del humor de tu perro. Un animal confiado tendrá su cola levantada a fin de desprender fácilmente los olores. Un perro atemorizado la tendrá entre las patas, a veces abajo del vientre. La cola agachada puede también ser un signo de sumisión entre perros.

Si mueve la cola vigorosamente y retuerce el cuerpo quiere decir que está contento o excitado. La cola está en alto y la mueve con suavidad, no está confiado del todo. Si alza la cola y mantiene rígida una mitad y mueve suavemente la otra mitad, cuidado, hay un problema.

Saber "leer" a tu perro te permite comprender mejor lo que siente. Por ejemplo, esto te será útil a la hora de describir su comportamiento al veterinario o al comportamentalista.

Las "FALSAS" actitudes corporales

Bosteza, se rasca, se estira, se enrosca, olfatea, estornuda, se pasa la lengua por los belfos, jadea... ¿No te parece un comportamiento parecido al de los humanos?

DESCONFÍA DEL ANTROPOMORFISMO

Bosteza, al parecer está cansado; algo le pica, se rasca; ¡se pasa la lengua por los belfos cuando se ha comido un buen filete! Igualito que nosotros, ¿no es así? No, no necesariamente.

He aquí una plática entre el dueño de un perro y un comportamentalista:
Dueño: —Me gruñó.
Comportamentalista: —Mmm... ¿pero cuál era su actitud?
D: —Este... no lo sé...
C: —¿Tenía la cola levantada y las orejas agachadas?
D: —No, más bien tenía la cola entre las patas y las orejas aplastadas.

C: —Bien. ¿Lo miraba fijamente?
D: —No, miraba hacia el rincón.
C: —¿Vio si se pasaba la lengua por los belfos o si masticaba mientras hacía esto?
D: —Ahora que lo menciona, no dejaba de masticar y de lamerse los belfos, pero pensé que había comido alguna cosa del bote de basura y que me estaba retando porque lo regañé.
C: —¿Pero lo vio sacar algo del bote de basura?
D: —No, lo deduje por su comportamiento... ¿Me equivoqué?
¡Muy posiblemente! Pasarse la lengua por los belfos es una señal de calma. Bostezar y desviar la mirada también lo son.

➤ ¡Es por estrés y no por cansancio por lo que bosteza tu perro!

LAS ACTITUDES QUE NO SON LO QUE CREEMOS

• **Bosteza:** está cansado, ¡pobre animal! Pues no, éste no es el caso. A menudo el perro bosteza para eliminar el estrés, cuando está en una situación que le molesta.

• **Me mordió:** luego, para disculparse de semejante bestialidad, mi perro se acercó a lamerme. A menudo, lamer es una señal de cariño, pero no después de una mordida.
En este último caso, es una señal de calma y, en su lenguaje, él quiere decirte: "Tranquilo, chiquito, has entendido la lección. Ahora, ¡yo soy el jefe!".

➤ ¡Mover la cola no siempre es porque está contento!

➤ Cuidado si se lame las patas en forma excesiva.

• **Mueve la cola:** entonces está contento. Sí, ¡pero no siempre es así! ¿La cola está abajo, horizontal o en alto?, ¿ruge o ladra de placer? Aprende a descifrar el estado de ánimo de tu perro observando el panorama general de las posturas del animal.

• **Jadea:** forzosamente tiene sed. Pero cuando le ofreces agua la rechaza.
Si el perro jadea después de un esfuerzo físico es para bajar la temperatura de su cuerpo. Déjalo que se recupere, llévalo a un lugar fresco y dale agua templada.
   Si jadea estando dentro de la casa, acude al veterinario ya que ésta es una señal de estrés. Notarás que sus belfos están levantados y que su rostro denota ansiedad.

• **¿Se lame las patas** o la cola casi hasta sangrar? Algo le debe estar picando. En efecto esto es posible, pero las lesiones autoinfligidas, tales como lamerse las patas, la cola o los costados, están mucho más ligadas al estrés.

• **Castañetea los dientes:** tiene frío. Sí, pero pon atención porque el castañeteo de dientes también puede ser provocado por miedo o estrés.

• **Se lame los belfos y me observa.** ¡Tal vez me encuentra apetecible! Divertido, pero falso. Lamerse los belfos es a menudo falta de confianza, en ocasiones por estrés.

➤ El perro jadea después de un esfuerzo físico.

➤ Lamerse los belfos a menudo se debe al estrés.

Lo he decidido: adoptaré UN PERRO

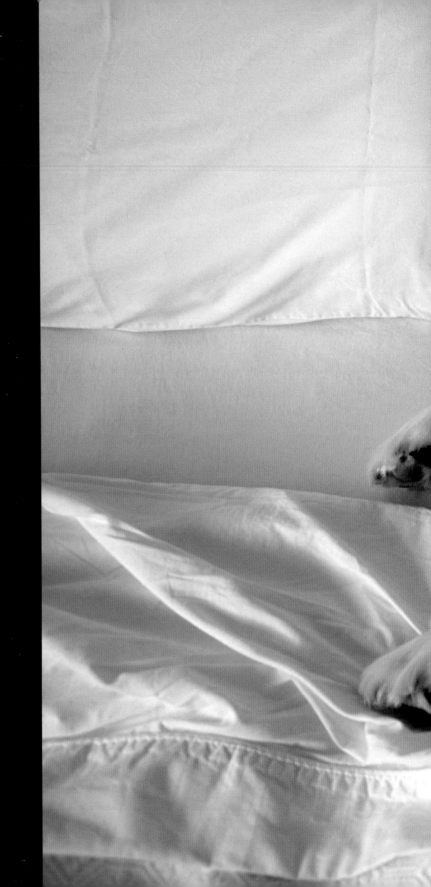

¿QUÉ CRITERIOS AYUDAN
a tomar la decisión?

Un perro no se compra a la ligera. Antes de buscar al compañero ideal tienes que saber ciertas cosas.

▲ La compra de un perro de raza permite saber de antemano su talla y físico en estado adulto.

▲ Un perro mestizo es único en su género, ¡poco pedigrí pero mucho encanto!

ALGUNOS PUNTOS ESENCIALES

Toda la familia debe estar de acuerdo. De lo contrario, ante las primeras dificultades tendrás que lidiar con reproches e inconformidades.

Nunca regales un animal "sorpresa": los refugios están llenos de animales no deseados.

Si trabajas todo el día y debes dejar solo a tu perro por 8 horas todos los días, mejor no lo tengas: el perro es un animal sociable que no soportará jamás quedarse tanto tiempo solo, a excepción de algunos casos (sobre todo en un departamento). Mejor adopta un gato.

PERRO DE RAZA

Ventajas

• Es posible que tenga los rasgos de personalidad de la raza.
• Conoces la talla y el físico del perro adulto.
• Conoces a sus padres y sus orígenes.

Desventajas

• Puedes decepcionarte si no tiene las características esperadas.
• Si escoges el "mismo" perro para reemplazar al anterior, puedes tener una desilusión.
• Las razas de moda podrían tener una salud frágil, son víctimas de su (sobre)popularidad.

¿O PERRO MESTIZO?

Ventajas

• Un perro con un "look" inimitable. Si quieres un perro único, ¡un mestizo es la solución! A veces, los mestizos parecen ser más rústicos que ciertas razas (no te fíes de esas ideas comunes de que llevan una vida difícil).
• Cuestan mucho menos.

Desventajas

• A veces es mayor la sorpresa sobre su talla o aspecto.

▲ Un jardín es una buena idea para que un perro tenga al menos un poco de actividad...

¿MACHO O HEMBRA?

Un macho puede tender a escaparse cuando olfatee a las hembras en celo. Además marcará su territorio por todas partes.

Una hembra se pondrá en celo por un periodo de 3 semanas, dos veces al año: la esterilización o vigilancia son obligatorias.

¿QUÉ AMBIENTE LE PUEDO OFRECER?

¡Un jardín es mejor! Pero con actividades adicionales (incluso si es inmenso, el perro se aburrirá rápido) con juguetes etológicos que pueden llenarse con comida, un hueso para roer, una zona donde se le permita cavar. Y por lo menos dos largos paseos de una hora mínimo a la semana.

También puedes tener perro en un departamento, sacándolo a pasear al menos 30 minutos, tres veces al día; si no, espera que muestre su aburrimiento: ladridos, destrucciones, marcas de orina.

▲ ...pero vivirá muy bien en un departamento, rodeado de todos sus juguetes, de tu presencia y tu atención.

Presupuesto

Vacunas, vermicidas, alimento, antiparasitantes, aseo, necesidades veterinarias, correa, collar, juguetes, pensión, adiestramiento... todas estas atenciones son caras, sin contar los gastos que hay que prevenir para cuando el animal envejezca. Dependiendo de la calidad del alimento que consuma, su edad, talla y estado de salud, calcula un presupuesto de entre 850 y 2 800 dólares al año o más.

¿Perro de raza, mestizo o corriente?

El perro de raza desciende de padres inscritos en el Libro de orígenes franceses. El mestizo es una cruza de dos perros de razas diferentes. El perro corriente es una mezcla de más razas.

ELIGE BIEN a tu perro

Al momento de elegir perro, piensa en el tipo de carácter que puede tener
y si congeniará contigo.

▲ Todos los perros tienen un temperamento particular
que está grabado en sus genes.

UN TEMPERAMENTO INNATO

En el perro, el temperamento es algo que difícilmente
se puede cambiar, ya que es innato, está grabado en
sus genes. También depende de la selección que se
tomó para crear la raza en particular, de sus padres y
de la propia individualidad del perro.

▲ Algunas razas, seleccionadas por su placidez, son por
naturaleza más tranquilas que otras.

Por ejemplo, el hombre ha seleccionado razas de
perros de caza para usarlos como perros sabueso o
para otros usos particulares.

Al comprar este tipo de perros, seguramente encontrarás el comportamiento innato del depredador. Si
eres cazador, el aprendizaje de la caza le será fácil
por su predisposición. Pero por supuesto no es buena
idea practicar con ese tipo de raza canina un deporte
como el ataque.

▲ Pero también cada perro tiene un temperamento
propio: tímido, temerario, juguetón.

A pesar de esta selección, en una camada de perros
podrías encontrar diferentes tipos de temperamento:
algunos tímidos y otros temerarios. Como sucede en
una familia donde se distinguen diferentes tipos de
temperamento, aunque sean hermanos y hermanas y
hayan sido educados de la misma manera.

Un perro con temperamento perezoso, pese a todos
tus esfuerzos, ¡nunca será un guerrero! Podrás mejorar
su comportamiento, pero quedarán rezagos a pesar de
cualquier adiestramiento, sobre todo después de la
adolescencia. Por fortuna, el temperamento sólo constituye una pequeña parte de su comportamiento.

▲ Al poner al perro en contacto con niños muy pequeños, estará más cómodo con ellos.

CARÁCTER Y EDUCACIÓN

¡El carácter sí es modificable! El carácter de un perro se corrige con la familiarización y la sociabilización: es adquirido. Observa dos perros de la misma camada, con el mismo temperamento, por ejemplo cachorros temerosos, pero que han sido criados de manera totalmente diferente, uno con una familia y el otro en una jaula.

En el transcurso de algunos meses, encontrarás que ambos tienen un carácter completamente diferente:

• El primero será con seguridad algo temeroso (el temperamento inicial), pero se sentirá cómodo con los niños y el ruido de la vida diaria.

• El segundo es posible que se aterrorice y no se despegue del suelo al mínimo ruido de la vida urbana.

Por fortuna, el carácter constituye una gran parte del comportamiento de un perro y, como ya lo hemos comprobado, podemos modificarlo y corregirlo.

EN RESUMEN

La familiarización y la sociabilización son partes muy importantes del comportamiento de un perro adulto. Al final es muy difícil diferenciar entre cuál es innato y cuál es adquirido.

Pero es bueno saber que por lo menos una parte del comportamiento de un perro siempre es "modificable".

Un perro para cada tipo de dueño

• Si llevas una vida tranquila, evita escoger un perro tipo terrier (jack russel, staffordshire bull, etc.) que es totalmente inquieto y requiere de mucha atención y adiestramiento continuo. Mejor escoge una raza como basset artesiano o bulldog inglés.

• Si eres más bien relajado y te va bien que cada quien haga lo que quiera, cuando quiera y como quiera, evita comprar un perro tipo rottweiler, dogo argentino, etc. De preferencia elige uno pequeño, raza bichón, chihuahua, king charles o, si deseas uno más grande, un collie barbudo (no hay que confundirse con su primo el collie border, un perro pastor mucho más dinámico). El pastor belga australiano también puede ser un buen perro de familia.

• Si lo que quieres es uno para practicar un deporte canino, competencias de obediencia, ataque, no elijas un bulldog francés o inglés, es mejor, por ejemplo, un pastor alemán, belga o un border collie. En general, todos los perros de protección (pastor abruzzes, gran pastor pirineo, pastor de anatolia, etc.) requieren de tu parte un buen conocimiento sobre comportamiento canino y un adiestramiento enérgico.

Toma tu decisión considerando las características asociadas con la raza. ¡No es posible convertir una mula en un caballo!

QUIERO un cachorro

Cuando se sueña con tener un perro, la mayoría desea un adorable cachorro. ¿Cuáles son las obligaciones complementarias que hay que tomar en cuenta y dónde comprarlo? He aquí una pequeña guía.

▲ ¡Un cachorro es irresistible! Pero alerta: ¡ahora depende de ti educarlo!

▲ Los criadores serios hacen todo para familiarizar correctamente a sus jóvenes perros.

¿QUÉ ES LO QUE TE ESPERA?

A menudo escogemos un cachorro pensando que su integración en la familia será muy fácil. Eso no es del todo cierto, porque un perro conserva sus facultades de adaptación y aprendizaje hasta mucho tiempo después. Trabajamos junto con refugios que albergan animales más o menos mayores (de hasta 12 años) y éstos se adaptan sin problemas a su nuevo ambiente.

Lo más importante es la familiarización (páginas 18 a 19: El comportamiento: los puntos importantes). Ésta constituye la referencia del perro, el entorno en el cual crecerá hasta su adolescencia. La familiarización es esencial, ya que un ambiente poco estimulante desde el principio genera un animal con muy poca experiencia de vida: en el momento de un cambio, no logra entenderlo.

Un cachorro será más maleable. Sin embargo, los errores en la educación surgirán de igual forma tarde o temprano, sea joven o no.

¿DÓNDE ELEGIR A TU PERRO?

El lugar es esencial para el carácter de tu perro y su vida futura en común.

• **En un criadero.** Escoge un criador serio, que esté bien familiarizado con sus cachorros. Muchos criadores son sensibles y realizan un trabajo formidable con sus camadas. Observa a los padres y el entorno: ¿se trata de adultos temerosos, cachorros enjaulados o en criaderos simples, sin estímulos, que se alejan cuando llegas? Aléjate sin dudar. Por otro lado, ¿son cachorros que se suben a los zapatos, muerden las agujetas, chillan por unos cuantos cariños, adultos sociables que te reciben sin agresividad ni violencia? Estás en el lugar correcto.

• **En una tienda de animales: qué evitar.** En el mejor de los casos, son "receptores de camadas", cachorros que el criador no pudo vender por estar demasiado alejados del estándar (criterios físicos de la raza), de ahí que el precio sea bajo. Pero también te puedes topar con cachorros importados retirados muy rápido de su madre, a menudo enfermos y llenos de problemas de comportamiento. Gracias a severas multas se han reducido los abusos y muchas tiendas de animales en la actualidad realizan esfuerzos de rastreabilidad de los cachorros. Sin embargo, ningún criador serio vende sus cachorros a través de intermediarios menores.

▲ Un particular cerca de tu casa es una buena solución. Tómate tu tiempo para observar al cachorro en su entorno.

• **Con un particular.** ¿Por qué no, si la familiarización es buena? Pero siempre desconfía de los criadores aficionados que se disfrazan de particulares.

• **En un refugio o la Sociedad Protectora de Animales.** Salvo en casos excepcionales, no encontrarás perros de raza sino cruzas. Los cachorros se te entregarán vacunados e identificados y tendrás la satisfacción de hacerlo por una buena causa.

▲ En un refugio, explica tus expectativas para que puedan proponerte un perro que se integrará bien a tu familia.

Los momentos difíciles al educar un cachorro

Casi todos los cachorros atraviesan un periodo de "mordisqueo" intenso entre los 3 y 6 meses. En este periodo, di adiós a tus desordenados zapatos, las patas de las sillas, las esquinas de los sillones y todo lo que se pueda mordisquear. Después, los perros son como los adolescentes: verás a tu perro inventar tonterías inimaginables, enfermarse por falta de atención, tener miedo de todo y de nada, saltar por todos lados como tonto. Paciencia, eso se quita pronto. Recuerda que los perros pequeños se sosiegan más rápido que los grandes. Este difícil periodo va de los 5 a 18 meses, e incluso a los 2 años para los perros grandes.

¿Qué dice la ley?

En varios países, es obligatorio que los particulares o criadores proporcionen un certificado veterinario al entregar un cachorro.

SU LLEGADA a casa

La llegada del perro a su nueva casa es una gran aventura, tanto para él como para ti. Más vale que la prepares bien.

▲ Una bella historia comienza entre el cachorro y su amo.

LO QUE HAY QUE PREVENIR

Recibe a tu perro durante un periodo en el que estés en casa varios días seguidos. Prepara todo lo que podría necesitar. ¡Haz una pequeña lista de revisión!
• Alimento (de preferencia darle comida a la que ya esté acostumbrado).
• Casa o canastilla para el interior y cobija. Si es muy pequeño, una bolsa de agua caliente escondida en la cobija podrá tranquilizarlo las primeras noches al recordarle el calor de sus hermanos y hermanas.
• Juguetes. No te preocupes demasiado: dos juguetitos bien escogidos son suficientes.
• Un collar y una correa adaptados a su tamaño, incluso un arnés, más cómodo al principio, en vez de un collar que estrangula y da miedo.
• Un cepillo que se adapte a su pelaje. Muy pronto estará acostumbrado a que lo acicales y después será más fácil. A menos que intentes cepillar un briard de 6 meses que se opone totalmente a dejarse acicalar.

LA LLEGADA PROPIAMENTE DICHA

• Déjalo explorar su entorno sin molestarlo. Si tienes hijos, explícales esta regla firmemente. De lo contrario, tu cachorro corre el riesgo de desarrollar reflejos de miedo o perturbación.
   Imagínate que estás solo en la selva y rodeado por una manada de elefantes, simpáticos claro, pero que saltan por todos lados; así se siente un cachorro de 2 meses al llegar a una casa donde lo recibe una manada de elefantes entusiastas.
• Aliméntalo y sácalo a pasear a una hora fija; esas referencias lo tranquilizarán.
• Enséñale buenos hábitos de inmediato: nada de alimentos en la mesa, dormir en su cama y no en la tuya, jugar con sus juguetes y no con tus zapatos viejos, aprender a estar solo, no subirse a los sillones, etc. Mantente firme, incluso si tiene una carita de peluche que hasta a tu tía Gertrudis conmueve, ¡y eso que no soporta a los perros!
   Estamos de acuerdo, es difícil, pero imagina el aspecto de tu sillón cuando el perro pese 40 kg y regrese de un paseo en un día lluvioso.

➤ Por supuesto, al preparar la llegada del perro a casa,

Enséñale a ser limpio

¿Que sea limpio? Es muy fácil: basta con hacerle pasar la noche en un espacio reducido, una jaula de transporte o un cuarto pequeño. Los perros, por instinto, no ensucian el lugar donde duermen. Coloca una toallita en una esquina para delimitar "el lugar para hacer pipí", la cual quitarás después.

▲ Resiste la tentación de llevar a tu adorable cachorro contigo a la cama la primera noche: ¡es difícil, pero no cedas!

• La primera noche; ¡aguanta! Tu pequeño peluche está perdido, lejos de sus hermanos, hermanas y del calor tranquilizador de su madre. Una bolsa de agua caliente escondida en un trapo, una cesta que le da seguridad y, ¡a dormir! Si no lo logras, entonces duerme en la habitación cerca del cachorro. Si tienes hijos, hacer turnos puede ser un juego divertido. Una vez que el cachorro se acostumbre a su nueva casa, las noches serán más tranquilas.

Evita dejar que el cachorro duerma en tu cama, si no lo haces, se quedará ahí hasta el día de su muerte. Y sólo espera a que crezca y sea un perro de 40 kg, ¡buena suerte! Si eres soltero, no es tan grave, pero está comprobado: ¡una pareja y un perro de más de 30 kg no cabrán en una cama de 140 cm x 190 cm!

¡toma en cuenta su talla!

Felicita calurosamente a tu perro después que haya hecho sus necesidades afuera, encárgate de sacarlo después de cada comida. En unos cuantos meses y por sí solo, el animal aprenderá a regresar limpio a la casa. ¡Es inútil frotarle el hocico en lo que ha ensuciado!

Quiero UN PERRO ADULTO

Comprar un perro adulto la mayoría de las veces significa adoptar. Contrario a lo que dicen muchos, no es más complicado que comprar un cachorro.

▲ El primer encuentro entre tu perro y el perro recién llegado debe hacerse fuera de tu casa.

¡NO HAGAS CASO DE RUMORES!

Un perro adulto no siempre es enviado a un refugio a causa de problemas de comportamiento. El abandono muchas veces es por motivos como divorcio, fallecimiento, desempleo o traslado laboral, llegada de un bebé. Los voluntarios y empleados del refugio conocen la historia y el carácter de los perros que alojan, y te pueden ayudar a encontrar esa perla rara.

También un perro puede dar problemas en un entorno y no en otro. Si encierras a un jack russel en un departamento, sin ejercicio, tarde o temprano va a explotar. Perseguir a un animal sin respetarlo inevitablemente terminará en una mordida. Muchas familias que compran un labrador "amigo de los niños" olvidan el principio básico: un perro sigue siendo un perro, no es un juguete ni mucho menos un chivo expiatorio.

VENTAJAS Y DESVENTAJAS DE COMPRAR UN PERRO ADULTO

La ventaja de un perro adulto es que ya está domesticado y conoce las bases de la educación. Si tiene más

de dos años, ya habrá pasado la etapa del "mordisqueo" ¡y tu sofá no sufrirá! Por otro lado, alojarás un perro que tiene un pasado con el que tendrás que lidiar mientras tu nuevo compañero se adapta a las reglas de su nuevo hogar.

Ten paciencia: la adaptación de un perro en una nueva familia tarda en promedio entre 1 mes y 1 mes y medio. Es el periodo que hemos observado en las asociaciones con las que colaboramos. Cuando es necesario, seguimos el proceso entre el adoptante y su compañero y, en la mayor parte de los casos, los problemas desaparecen en el plazo mencionado.

ALGUNOS CONSEJOS SENCILLOS PARA FACILITAR LA ADOPCIÓN

Si tienes otros perros, haz que se conozcan en terreno neutral, por ejemplo en casa de unos amigos o en el parque, a fin de que los ya instalados no agredan al recién llegado que considerarán como un intruso.

No sueltes al perro a menos que sea un espacio cercado. Ningún perro recién llegado regresará cuando se

▲ Un perro adulto se adapta a su nueva vida en menos de dos meses.

▲ Una regla de convivencia canina: no subirse al sofá o al sillón. ¡Tú eres el jefe!

le ordene. ¡Primero debe considerarte como su amo!; al principio, no serás más que un perfecto desconocido para él.

Ofrécele un entorno donde se sienta seguro: comida y paseos en un horario fijo, un rincón para dormir apartado de las interrupciones, donde nadie lo moleste, y caricias.

Algunas reglas de convivencia son no comer en la mesa ni dormir en el sofá. El perro debe hacerse a un lado cuando pases (no pases encima de él, si él domina el espacio se considerará como el jefe). Hazle cariños, pero no sistemáticamente cuando él los demande: tú eres quien decide el momento. Ignóralo al partir y al regresar a casa para evitar que se desencadene un apego excesivo, frecuente en los perros abandonados.

▲ Impón prohibiciones sencillas al perro: esto lo disuadirá eficazmente y tendrá un efecto tranquilizante.

Historia real

Tom fue abandonado en una asociación porque mordió a un niño de 4 años. Después de investigar, se comprobó que el pequeño había pasado con su bicicleta por encima del perro dormido. El perro aulló de dolor, se volteó y mordió por reflejo. ¿A quién hay que condenar? ¿Al perro o a los padres que dejan al perro y al niño convivir sin supervisión en un patio de 30 m²? A Tom lo reubicaron con una familia advertida de sus antecedentes. Vive en contacto con dos adolescentes y no causa ningún problema.

Si tienes un gato, muchos refugios y asociaciones proponen hacer una prueba para ver si el perro será compatible con el gato. Si te interesa tener un perro, puedes solicitar esta prueba.

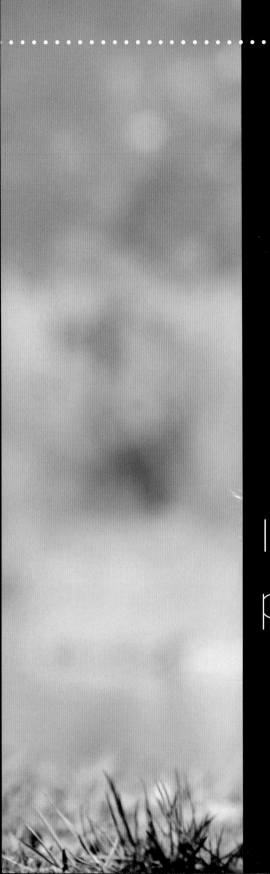

II. Situaciones problemáticas

Mi perro NO OBEDECE

1

Errores iniciales y
USO DEL SENTIDO COMÚN

En lo que concierne a la obediencia existen dos casos: acabas de comprar un cachorro y hay que enseñarle todo desde cero, o tu perro es adulto y no sabe nada (igual que el cachorro) ya sea porque ha aprendido a no escuchar o a ignorar las órdenes. El resultado es el mismo.

▲ ¿Estás seguro de que tu perro entiende lo que esperas que haga?

EL PERRO Y LA OBEDIENCIA

La obediencia es muy simple si das al perro tiempo para aprender. No podemos esperar que un niño de 10 años apruebe la preparatoria, y es lo mismo para el animal: dale el tiempo para adquirir los conocimientos y no olvides que un cachorro es como un bebé que va aprendiendo.

Nada nos molesta más que ver a un amo muy orgulloso de sí mismo cuando su bebé de 3 meses obedece al pie de la letra: ¡dale tiempo de crecer! Lo mismo para un adulto, ¡no porque sea "mayor" forzosamente tiene que ser educado!

▲ La obediencia es una noción humana y el perro debe aprenderla a su ritmo.

LAS SESIONES DE ADIESTRAMIENTO

Las sesiones de adiestramiento deben hacerse de una manera positiva. Sobre todo, no hay que asociarlas con:
• Aburrimiento.
• Castigo.
• Crisis nerviosas.

Si agredes a tu perro con gritos o golpes, únicamente le enseñarás a tenerte miedo y el único resultado que obtendrás será un perro con la cola entre las patas al que tendrás que arrastrar a la sesión de adiestramiento, y a la larga será una verdadera faena. ¡Adiós al ánimo!

ALGUNAS REGLAS SIMPLES Y EFICACES

• Cuanto más pronto comience el adiestramiento, será mejor.
• Para los cachorros son suficientes sesiones de 10 minutos, para los adultos basta con sesiones de un cuarto de hora.
• Da la orden una vez nada más; de lo contrario, ¡el cachorro aprenderá que puede obedecer hasta la décima orden!
• Ten paciencia, si fracasas será por querer precipitarte; repite el ejercicio un poco más lento.
• Desfoga al perro antes de comenzar con el adiestramiento; pero no realices el adiestramiento con un perro cansado.
• Si estás cansado o molesto, no realices la sesión de adiestramiento. No tendrás ninguna satisfacción y tu perro lo sentirá; inevitablemente será una sesión poco agradable para ambos.

Si dejas que la presión suba, no avanzarás: tu perro se estresará y asociará el ejercicio de obediencia con algo negativo.

ECUACIÓN PARA EL ÉXITO
DEL ADIESTRAMIENTO

Palabras simples y cortas
+ Gestos
+ Timbre de voz grave
+ Recompensa sincronizada
= OBEDIENCIA

▲ Una palabra, que debe ser siempre la misma, como "ven", es un gesto simple; los brazos abiertos tendrán un solo sentido para tu perro.

▲ Recompensa a tu perro precisamente cuando haya ejecutado la orden en forma correcta.

7 REGLAS para el aprendizaje positivo

Para ser eficaz, el aprendizaje no debe ser una carga ni una serie de fracasos. Por ese motivo existen reglas simples y que funcionan en toda ocasión.

▲ Brinda a tu perro los medios para comprenderte por medio de las siguientes reglas que deberán aplicar tú y tu familia.

1. TU PERRO NO COMPRENDE EL SENTIDO DE LAS PALABRAS

Para que tu perro te entienda debes usar palabras sencillas y siempre las mismas para cada orden, como "sentado", "échate", "a tu lugar". Atención, para tu perro es muy diferente escuchar "ven acá" que "ve allá" o "vente" o "vámonos", no son para nada la misma cosa. Entonces, establece con tu familia un vocabulario común y usen todos las mismas palabras simples y cortas para cada orden.

2. ASOCIA UN GESTO A CADA ORDEN

Por ejemplo, llama a tu perro inclinándote hacia delante y dándote golpecitos en la pierna. Tu compañero comprenderá más rápido. El perro no comprende el lenguaje humano, está muy atento a nuestros gestos que le informan sobre nuestro estado emocional. Las posturas que el hombre utiliza son la posición del torso, la velocidad de desplazamiento, la trayectoria, la persistencia de la mirada y la utilización de la mano.

3. RECOMPENSA SISTEMÁTICAMENTE CADA ORDEN EJECUTADA

El perro no es nuestro servidor. Si deseas que obedezca con gusto, él también tiene que ganar algo. Busca la mejor manera de motivarlo: la mayoría de los perros aprecian la comida, otros aman los juegos, las caricias, los cumplidos. Sobre todo, no confundas la autoridad con la tiranía.

Varía las gratificaciones en el curso de las sesiones de adiestramiento. Si al principio el perro no sabe que será recompensado y cuál será la recompensa, estará despierto y bien motivado.

➤ Regla 3: recompensa sistemáticamente.

4. ES INÚTIL GRITAR PARA DAR UNA ORDEN A TU PERRO

Para darle una indicación de que te estás dirigiendo a él y para que pueda distinguir la orden de tu forma cotidiana de hablar con otro, cambia el tono de voz: utiliza un tono de voz más grave o habla muy lento (de ahí los "encantadores de perros").

Si se trata de la recompensa o el juego, haz un tono más agudo: "¡Ay!, ¡qué buen perro!". No tengas miedo de hacer el ridículo: ¡a él le encantará!

5. TIENES QUE ESTAR PERFECTAMENTE CONVENCIDO DE LO QUE DICES

Tus gestos deben acompañar a la orden verbal. Si no son concordantes, el perro decodificará tu actitud y

➤ Regla 5: adopta un gesto convincente.

seguirá la indicación de tu cuerpo más que la orden verbal. Para simplificar, cuando inicies el aprendizaje, da las órdenes en posición recta, con las piernas tensas y el pecho hacia afuera.

6. AL PRINCIPIO, COLOCA AL PERRO EN POSICIÓN DE ÉXITO SISTEMÁTICO

Elimina la posibilidad de fracaso. Por ejemplo, si estás trabajando el llamamiento, hazlo siempre con correa, para que el perro no pueda escaparse, esto evitará que vayas corriendo tras él.

Verte correr divierte mucho a los perros porque lo toman como un juego, pues desde su punto de vista, cuando tú dices "ven", él piensa, "quiere jugar a perseguirme".

7. SIEMPRE TERMINA LOS EJERCICIOS CON UN ENFOQUE POSITIVO

Algunas veces todo va bien y nuestro compañero parece entender todo, pero otros días son sólo fracaso tras fracaso, ¡parece que se le hubiera secado el cerebro! Sé tolerante y recuerda la curva de aprendizaje que hasta tú has experimentado (tal como cuando aprendiste a conducir).

Ninguna fase de aprendizaje es lineal; nosotros progresamos por niveles y nuestros perros no son la excepción de la regla. Los días de poco avance termínalos con una orden extremadamente simple, como "sentado"; recompénsalo y termina ahí. Lo hará mejor mañana.

➤ Regla 6: dale todas las oportunidades de hacerlo bien.

➤ Regla 7: termina con un enfoque positivo.

4 REGLAS para un aprendizaje agradable

Para que el adiestramiento no se convierta en tortura, debes animar a tu perro constantemente. Las inflexiones de la voz y las expresiones del rostro son importantes: ¡sonríe si estás contento!

1. RECOMPENSA EN FORMA SISTEMÁTICA AL INICIO, DESPUÉS EN FORMA ALEATORIA

Durante una sesión de adiestramiento, siempre felicita a tu perro, pero no le des a cada rato una recompensa tipo golosina, esas guárdalas como un bono especial que le permitirá evolucionar. Al principio recompénsalo en forma automática, después, ya que el perro ha comprendido la orden, cambia muy rápidamente a una recompensa aleatoria y diferente: comida, caricia o juego.

Si tu perro no sabe cuál será la recompensa o si recibirá alguna, el aprendizaje será casi imborrable.

2. ¡SINCRONIZA!

La recompensa y la corrección deben llegar en el momento exacto que tu perro realiza la acción que esperas o que quieres eliminar. De lo contrario, la asociación acción-recompensa o acción-corrección será un fracaso.

Por ejemplo, cuando llamas a tu perro, él viene hacia ti corriendo, entonces estás tan feliz de ver que obedece que lo recompensas con un gran "¡muy bien, chico!" aunque todavía se encuentre a más de 2 metros de ti. ¡Le estás enseñando que no necesita venir hasta tus pies para ser recompensado! Es así como podemos encontrarnos con perros que giran alrededor de sus

➤ Regla 1: recompensa.

➤ Regla 2: sincroniza la recompensa o corrección justo después de la acción del can.

amos, y también con amos que se enojan y andan con el collar o la correa en mano.

Para evitar errores, ten en mente que no estás recompensando a tu perro, sino su comportamiento.

3. ACOSTUMBRA AL PERRO A OBEDECERTE, NO IMPORTA LA SITUACIÓN

Verás que es más difícil que obedezca tu orden cuando se encuentra acostado que cuando está en sus cuatro patas. Para tu perro la posición acostada es sinónimo de juego: saltos de felicidad, lamidos y ladridos agudos es lo que puedes esperar.

No hagas los ejercicios de obediencia sistemáticamente en el mismo entorno: te arriesgas a que tu perro sea muy obediente en casa, pero insoportable en el exterior. Asegúrate de que obedezca tanto en un lugar tranquilo como en tu jardín, después llévalo a un paseo en lugares llenos de estímulos (otros perros, olores diferentes, etc.). Hazlo paulatinamente, al ritmo del perro.

▲ Un accesorio seguro, como este cabestro de cabeza, es esencial para no lastimar a tu perro.

4. UTILIZA ACCESORIOS SEGUROS

Debes asegurarte de que los accesorios en ningún caso puedan lastimar a tu perro: en las manos equivocadas, los collares estranguladores y otros accesorios eléctricos se pueden transformar en objetos de tortura. En cambio, usa arneses de cabeza o arneses de adiestramiento.

Si tu perro desobedece

Tú puedes corregirlo, pero cuidado, una corrección no es un castigo. Para expresar tu descontento en caso de una mala conducta, usa un tono grave y seco: "ya, ya" o "eh, eh". Eleva el tono y no dudes en elevarlo todavía más en conductas extremas. Puedes utilizar un sonido más suave como "oh, oh" para mostrar a tu perro que no hizo lo que esperabas o mostrarle la recompensa para motivarlo.

El castigo más comprensible para tu perro es no hacerle caso: deja de prestarle atención o amárralo por 5 minutos ante una mala conducta.

> Cada perro tiene sus golosinas y juguetes preferidos. Identifícalos observando sus reacciones. Será información útil para recompensarlo durante las sesiones de adiestramiento.

Las órdenes sencillas

Hay órdenes esenciales que debes enseñar a tu perro.
Éstos son algunos consejos para hacerlo sin castigos.

➤ ¡VEN! Una vez que el perro está a tus pies, ¡acarícialo y felicítalo!

¡VEN!

Es la orden más importante de todas. Comienza este ejercicio cuando el perro esté alerta y hambriento. Divide su plato en varias porciones y anímalo a venir al plato al llamarlo por su nombre y al dar la orden "ven".

Al principio del aprendizaje, evita decirle "ven" para amarrarlo y terminar el paseo, más bien hazlo durante el paseo. Inicia el aprendizaje con la correa si tu perro es adulto. Deja que se aleje, agarrando la correa, y llámalo. Ten cuidado de no ser demasiado seco o muy serio, más bien pon un toque alegre y dinámico. Agudiza su curiosidad. En general, vendrá para ver qué es lo que pasa. Una vez que esté a tus pies, acarícialo y felicítalo (golosinas, etc.), después libéralo de pronto (si el entorno es adecuado) sin correa (doble recompensa). No felicites a tu perro hasta que hayas tenido un contacto físico con él. Si no viene, atráelo con la correa y en cuanto haga contacto, felicítalo y vuelve a soltarlo.

Cuando domine la orden que está recibiendo, podrás hacer el ejercicio sin correa, pero al principio será mejor en un lugar muy tranquilo.

¡SENTADO!

Una vez que tu perro esté acostumbrado a ir hacia ti, puedes enseñarle la orden "sentado". En primer lugar, verifica que no padece de la cadera: tienes que estar seguro de que esté cómodo en esa posición. Te mostramos dos posibilidades:

• Observa a tu perro y cuando se ponga en posición de sentado le das una recompensa. Repite el ejercicio dos o tres veces, entonces, cuando él se siente, di "sentado" junto con un gesto de la mano y recompénsalo.

• Toma una golosina y pásala delante de su hocico en dirección a su trasero: el perro tomará la posición de sentado con el fin de comer la golosina. Una vez que se siente di "sentado" junto con el gesto de la mano y recompénsalo.

¡QUIETO!

Para aprender correctamente esta orden, no te saltes ninguna etapa: aumenta poco a poco la distancia entre el perro y tú. Es la única enseñanza donde se puede repetir varias veces la orden.

Haz que tu perro se siente, pon un dedo delante de él, coloca la palma de la mano delante de su hocico sin tocarlo y di "quieto". Espera algunos segundos y recompénsalo. Después de varios intentos y si obedeció, camina un paso y luego dos hacia atrás, después regresa hacia el perro y si no se movió, recompénsalo.

Si el perro se levanta, emite una orden (como "oh oh"), regrésalo a la posición de sentado y vuelve a comenzar. En general, si el perro se levanta, es tu culpa: te fuiste demasiado rápido y demasiado lejos.

1 y 2 ¡SENTADO!

Pon atención a los movimientos de tu perro. Tan pronto como se ponga en la posición de sentado por sí mismo, di "sentado" y dale una golosina. Repite el ejercicio varias veces seguidas hasta que comprenda la orden.

3 y 4 ¡QUIETO!

Ahora que tu perro ha aprendido a sentarse con una orden, coloca la mano delante de su hocico y di "quieto". Espera y recompénsalo si te obedeció. Vuelve a comenzar ahora más lejos.

Las órdenes sencillas

¡ACOSTADO!

1 a **4** Con el perro en la posición de sentado, arrodíllate a su derecha y sujeta el collar. Con la mano derecha, muéstrale una golosina, baja la mano al suelo, con la palma hacia abajo, de modo que el perro pueda olerla, pero no tomarla. Tratará de tomarla de algún modo y cuando se eche para lograrlo di "abajo" y dale su recompensa.

5 a **8** Si el perro se niega a echarse, coloca tus manos bajo sus patas delanteras, levántalas en posición de caza; recuéstalo al decir la orden; después felicítalo.

¡DEJA!

9 a **11** Haz que tu perro se siente y dale una golosina diciendo "toma" con una voz suave y el cuerpo ligeramente inclinado hacia él. Levántate y no sólo deja ver un pedacito para que el perro no pueda agarrarlo. Deja que lo olisquee y di "deja". Tan pronto como retroceda, recompénsalo. Haz el ejercicio varias veces y cuando se aleje o retroceda, felicítalo.

12 y **13** Enseguida, utiliza dos golosinas y da la orden "deja", dejando una golosina en una mano abierta. Si el perro retrocede, recompénsalo con la golosina que tienes en la mano cerrada. Sigue con una golosina en el suelo y recompénsalo con la que tengas escondida en la mano.

Por último, ponle la correa y coloca enfrente una golosina en el suelo; di "deja" y si la rechaza, recompénsalo con una golosina que tengas en la mano.

Una vez que domine esa orden en el interior, puedes intentarlo en el exterior.

SALIR: el material indispensable

¡Antes de salir hay que estar equipado! Elige los accesorios que se adapten a tu perro y a su temperamento. Si no está acostumbrado, puede luchar y resistirse. Para que acepte los collares y arneses, asócialos con cosas agradables, como los paseos.

▲ Para colocar el arnés, primero dale una recompensa con la mano izquierda.

LOS COLLARES

Para los cachorros, siempre utiliza un collar con hebilla o corredizo ajustable. El collar está bien ajustado cuando podemos pasar dos dedos por debajo.

Para los perros adultos y rebeldes, elige un collar semiestrangulador o un arnés de cabeza o de cuerpo (para entrenamiento especial tipo Halti).

El arnés de cabeza enseña al perro a no dar golpes secos, ya que le impide por completo tirar de él; sin embargo, si utilizas uno, no hagas movimientos bruscos y espera que tu perro se acostumbre al accesorio antes de que cambies a la pareja convencional collar + correa.

Los collares estranguladores son peligrosos para la tráquea del perro: deben ser utilizados por manos expertas y con prudencia.

▲ Una vez que el hocico pase con suavidad, rápidamente fija la parte trasera del arnés.

▲ Ahora los dos ya están listos para salir y dar un agradable paseo.

▲ La correa que se autoenrolla parecería buena idea, pero impide enseñar al perro la caminata.

LAS CORREAS

Para los paseos en la ciudad, te recomendamos las correas cortas o de entrenamiento. La correa de entrenamiento puede utilizarse como correa diaria y como una herramienta de enseñanza. Con una longitud de 2 metros y un mosquetón en cada extremo es conveniente para todos los usos: corta para el trabajo o la obediencia, más larga para el llamamiento y el trabajo a distancia.

No utilices las correas que se autoenrollan porque, aunque dan cierta libertad al perro, siempre se mantienen tensadas y no promueven la enseñanza de la caminata.

▲ Con un perro bien educado, ¡los paseos cotidianos ya no serán una carga!

La alcantarilla

Para iniciar esta enseñanza sal con tu perro a un lugar tranquilo y relativamente "íntimo", como una esquina del jardín. Deja que olisquee y, cuando descargue, di "pipí" en un tono cariñoso, después dale una recompensa. Si tienes un cachorro es más fácil, pero el método es el mismo que para un perro adulto. Cuando tu perro domine la orden de "pipí", puedes llevarlo cerca de una alcantarilla o a un lugar como un baño especial para perros.

Cuando salgas con tu perro, lleva siempre contigo bolsas o papeles para recoger sus desechos. Algunas ciudades cuentan con dispensadores de bolsas, ¡entonces no hay excusa para olvidarlo!

LAS BUENAS COSTUMBRES
en la calle y en el auto

Ahora que tu perro está bien equipado y antes de ir a recorrer las aceras, lo único que te falta es enseñarle algunas buenas costumbres para salir con toda seguridad.

▲ Con la recompensa en mano, incita a tu perro a girar a la derecha al decir "gira".

CAMINATA CON CORREA

Comienza los ejercicios en una habitación tranquila, si tu perro vive en el interior, o en el jardín si vive al aire libre. Si el perro está a tu izquierda, sostén la correa con la mano derecha, pasándola detrás de ti, y una recompensa en la mano izquierda. Di el nombre de tu perro y di "camina", comenzando con el pie izquierdo si es posible. Toma suavemente la correa con una mano, sin tensarla, y mantén al perro caminando con la ayuda del alimento o simplemente de tu voz. Una correa tensa hace que el perro haga fuerza y tire de ella más fuerte: ¡tarde o temprano se convertirá en un perro para trineo! Si el perro tira de la correa, sorpréndelo girando en la dirección opuesta,

entonces felicítalo cuando te siga. También puedes detenerte en seco sin moverte. El perro, sorprendido por esta acción, normalmente regresará hacia ti: en ese momento di "camina" dándote un golpecito en el muslo y lo recompensas. Muy pronto comprenderá que su interés es quedarse a tu lado.

Cuando el perro sea capaz de recorrer veinte metros, muéstrale una recompensa con el fin de incitarlo a girar a la derecha diciendo "derecha". Si sigue el movimiento, felicítalo. Realiza el mismo ejercicio girando a la izquierda y di "izquierda". Para terminar, da una media vuelta diciendo "gira". Una vez que domine esto, podrás iniciar los mismos ejercicios en el exterior.

Algunos perros se echan cuando se les pone la correa y entonces es imposible avanzar. Ya sea porque consideran el ejercicio como un juego nuevo o la correa les asusta. En ambos casos, regresa y utiliza un juguete para incitar al perro a levantarse.

Si tu perro se niega a hacer el ejercicio de la caminata, utiliza un arnés de cabeza: este accesorio permite un control total del perro, porque si tira de él su movimiento le cierra el hocico y le dobla la cabeza hacia abajo. Para los perros con cabeza pequeña, te recomendamos mejor un arnés de entrenamiento para el cuerpo.

EL AUTO

Algunos perros disfrutan pasear en auto y otros lo detestan por completo. El perro puede babear, ladrar durante todo el viaje o, peor aún, darle diarrea.

Si tienes un cachorro, familiarízalo con el auto desde temprano. La primera vez, déjalo inspeccionar el coche estacionado, juega con él en el interior. Enseguida, haz pequeños viajes que concluyan con un paseo. Enseña al cachorro a mantener la calma y restringe su espacio. Si tu perro es adulto y tiene miedo al auto, coloca su alimento dentro del auto estacionado. Familiarízalo poco a poco asociando siempre todos los viajes en auto con alguna cosa positiva.

Una vez que tu perro se haya acostumbrado al vehículo, organízate para garantizar su seguridad y la

▲ Siempre amarra a tu perro cuando viaje en el maletero del auto y elige un arnés, es más seguro.

tuya. Acostúmbralo a quedarse en una jaula de transporte que esté fija u opta por un cinturón de seguridad que debe fijarse a un arnés y que se inserta como un cinturón normal. También puedes acondicionar tu auto con una rejilla para separar el maletero del interior del auto.

Enséñale a salir del auto con una orden. Cuando lo liberes o saques de la jaula, di "espera" o "quieto", colocando la mano frente a su hocico. Entonces ponle la correa y enseguida dale la orden "baja". Si viaja en el maletero de tu auto, acostumbra amarrarlo para evitar descensos rápidos y accidentes.

▲ Para garantizar la seguridad de tu perro, acostúmbralo a descender con una orden.

▲ Tu perro debe moverse sólo cuando le des la orden "baja".

¿Cómo comportarse
EN LA CIUDAD?

Tu perro está equipado, sabe dar un paseo y conoce las órdenes básicas. Es limpio y hace sus necesidades en la alcantarilla o en los lugares especiales para eso. ¡Es hora de salir al mundo de los humanos!

➤ El bozal sólo es obligatorio para algunos perros.

EL BOZAL: ¿PARA QUÉ TIPO DE PERRO ES?

Si tienes un perro de primera o segunda categoría o un perro agresivo, es obligatorio que utilice el bozal. El bozal es un accesorio poco agradable para el perro, por lo que debe acostumbrarse poco a poco a usarlo. Al principio podría tratar de quitárselo. No escojas ese momento para quitárselo. Más bien, desvía su atención con un juego y quítale el bozal cuando se calme.

Existen diferentes modelos de bozal: bozales de rejilla para rottweiler, staffordshire americano, terrier, perros guardianes en general, bozales de nylon, bozales de cuero estilo policía.

Para cumplir con la ley, el bozal tiene que encerrar el hocico del perro, pero el perro debe poder abrir el hocico para jadear de manera normal.

Para colocar el bozal, colócate a un lado del perro y atráelo colocando una recompensa en la mano que tiene el bozal. Para atrapar la recompensa, el perro tendrá que meter el hocico dentro del bozal. Una vez que esté colocado, pasa la correa por detrás de la nuca y asegúralos. Asegúrate de que el bozal no esté demasiado flojo ni demasiado apretado.

APRENDAN JUNTOS LAS COSTUMBRES DE LA CALLE

Una vez en la ciudad, tu perro debe ir al costado de la calle: esto permitirá un acceso rápido a una alcantarilla en caso necesario. Ten cuidado y no dejes que se inquiete.

Cuando llegues a una intersección o a una curva, acostúmbrate a ponerte delante de tu perro: así podrás anticipar la llegada de otro perro, de un cochecito o de un grupo de niños, por ejemplo.

Al cruzar la calle por el paso peatonal, detente al llegar al cruce, ordena a tu perro que se siente, después dile "camina", dando golpecitos a tu muslo y enseguida atraviesa a un ritmo tranquilo.

▲ Antes de cruzar la calle, siempre ordena primero a tu perro que se siente.

En circunstancias normales, cuando un perro se encuentra con otro del que siente temor, huye. Cuando tiene la correa, no puede escapar y entonces puede ponerse agresivo, porque está a la defensiva. Además, la correa de cierta forma es una extensión de ti mismo y le transmite tus emociones y movimientos. Si tiras de la correa hacia ti cuando se crucen con otro perro u otra persona, le transmitirás tu miedo y sólo harás que las cosas empeoren.

¡Anticipa! Cuando veas a otro perro, cambia la dirección o desvía la mirada de tu perro llamando su atención con ruido o un juguete. Si te topas de frente con otro perro, ordena al tuyo que se siente y no se mueva. Si lo hace sin problemas, no olvides la recompensa.

▲ Si te cruzas con otro perro, no transmitas miedo al tuyo, eso lo pondrá a la defensiva.

▲ Tranquilízate y sigue por tu camino con tu perro caminando a tu lado.

Elogio a la lentitud

Para un perro no hay nada más atractivo que un paseo por el bullicio de la ciudad y sus muchos olores. Pero cuidado, si lo haces de buenas a primeras sin previo aviso, te arriesgas a que el lugar le parezca aterrador.

Comienza con pequeñas salidas a los lugares más tranquilos de la ciudad, después aumenta la duración de los paseos y los estímulos, y finalmente lograrán la marcha propiamente dicha. Por ejemplo, no lo expongas a una inmersión intempestiva en un centro comercial, puedes traumatizar a tu perro y generarle una fobia.

Mi perro ES AGRESIVO

2

¿En verdad es AGRESIVO?

Muy a menudo, confundimos miedo, agresividad y maldad. La maldad no existe en los animales. El perro reacciona, pero ser malo por placer ¡es un concepto que desconoce! Sería humano si pensara así.

¿CÓMO DISTINGUIR ENTRE EL MIEDO Y LA AGRESIVIDAD?

Escena de la vida cotidiana: "¡Cuidado, mi yorkshire es agresivo, ataca a otros perros!". En efecto, el perro salta hacia el labrador que está al lado enseñando los dientes. La respuesta del segundo propietario, un poco molesto: "¡Ten cuidado, el mío todavía no ha comido!".

Si sólo el primero supiera que su perro es una amenaza porque está muerto de miedo... Como no hay nada que perder, prefiere saltar sobre su congénere; es un mecanismo instintivo (que también tenemos nosotros): cuando no podemos huir, atacamos.

➤ ¿Es miedo o es agresividad?

➤ Miedo: orejas bajas y pelaje aplanado.

▲ El sentimiento de miedo a menudo conduce a una reacción agresiva del perro.

➤ Agresividad: orejas rectas y dientes descubiertos.

Detalles que hay que observar

PARTE DEL CUERPO	MIEDO	AGRESIVIDAD
OREJAS	Bajas	Levantadas o enderezadas
PELAJE	Aplanado	Erizado en el lomo
CABEZA	Hacia el suelo	Firme en lo alto
MIRADA	Huidiza, vista desviada	Fija y de frente
HOCICO	Se lame las patas gruñendo	Mostrando los dientes, enfrentándolo
ESPACIO ALREDEDOR DEL PERRO	Reducido, sin posibilidad de escapar	Espacio abierto, el perro puede escapar
RIESGO	Mordedura si el animal está acorralado; huye si puede	Mordedura o rasguño si te acercas

Esto te hará pensar: "¿Pero por qué hace eso? ¡Es MI perro! ¿Por qué es malo conmigo?".

¿POR QUÉ ES AMENAZANTE?

El día que tu perro gruñe delante de ti sufres el mismo descalabro que muchos propietarios han tenido: su animal inofensivo se convierte en un carnívoro con feroces dientes. Eso es suficiente para provocar miedo y desconfianza hacia tu perro y este cambio a veces es irreversible.

Si has tenido este descalabro, no te sientas culpable, es normal. Ahora falta comprender cómo llegó a ese punto. Generalmente, esta situación puede tener tres causas:

• **Tu perro es conducido a la desesperación** por un niño irrespetuoso o un adulto inconsciente de sus necesidades y que piensa que no ha hecho nada mal. Un día, harto, se defenderá por sus propios medios.

• **Tu perro está enfermo** y en este caso necesita una visita al veterinario (piensa en los perros viejos que pueden tener dolores ocultos).

• **Tu perro se proclama como jefe,** porque el entorno incoherente en el que se encuentra lo lleva a pensar que es él quien manda.

¡SE SIENTE EL JEFE!

Muy a menudo, esto sucede cuando el perro se convierte en adulto o cambia de familia. Lo mimamos como un bebé; pasamos por encima de él o lo empujamos para evitarlo; duerme donde quiere, de preferencia en un lugar donde pueda observar todo, incluso vigilar las idas y venidas de los habitantes de la casa; hay cariños sistemáticamente cuando él los pide, pero te ignora cuando lo llamas. Sin querer, lo has colocado en la posición de jefe según los códigos caninos.

En efecto, el jefe administra el espacio, los otros perros se apartan de su paso, duerme en lugares estratégicos, etc. En fin, él decide todo. Y si en tu cabeza ese no es el caso, tu perro lo ha interpretado así.

No te sientas culpable, el error es común. Puedes corregir el error rápidamente, siempre y cuando entiendas los códigos caninos y establezcas algunas reglas simples.

▲ ¿Pasas por encima del perro en lugar de apartarse cuando pasas? ¡No hay duda, él es el jefe!

Errores que evitar

Internet, libros, consejos de todo mundo... todos tienen su propia manera de poner un hasta aquí a un perro "dominante", pero como se dice comúnmente: "¡Aconsejar es cosa fácil!"

ALGUNAS IDEAS ERRÓNEAS

• "Me lame cuando acaba de morderme: quiere que lo perdone".
¡FALSO! Es una señal de apaciguamiento que hace el ganador para establecer su poder sobre el perdedor: "Ahora que ya has recibido tu castigo, te vas a portar bien. Ponte en paz y para compensar te lamo un poco".

• "Me pone la pata en la rodilla, me quiere dominar".
Dependiendo del contexto, eso puede ser ¡FALSO! Un perro que se somete puede comenzar a levantar la pata para voltearse sobre el lomo. Imagina su reacción si recibe un manotazo porque su propietario cree que va a subírsele encima.

• "Se prende de mi pierna, está obsesionado con el sexo".
Es POSIBLE, pero muy raro. Ese movimiento es a menudo un gesto de inmovilización, una tentativa para administrar el espacio del amo. En consecuencia, es una actitud de poder.

COMPORTAMIENTOS RIESGOSOS

• "Has sido superado por tu perro. Hay que demostrarle quién es el amo: ¡somételo de nuevo!"
¡Fácil con un dogo de 70 kg! Querer establecer una lucha de poder cuando tienes miedo de tu perro es un grave error. Él se sentirá muy bien.

▲ Si te lame el perro después de morderte, no significa que te está pidiendo perdón.

▲ Tu perro se mantiene muy cerca; quiere establecer su poder sobre ti.

▲ Sobre todo, no entres en una lucha de poder con un perro al cual le tienes miedo.

• "¡Sujétalo con fuerza por la piel del cuello cuando gruña y sacúdelo vigorosamente!"
Desafiamos a cualquiera a someter así a un perro, incluso de talla mediana, a punto de gruñir por causarle semejante trato sin tener un buen cirujano y un excelente seguro médico. Además, si se hace de forma incorrecta, será traumático para el perro.
En un cachorro, esta maniobra no sólo puede causar daños, sino también traumatizarlo de por vida si es un poco emocional. Sacudir sujetando la piel del cuello es una técnica de depredación que utiliza el carnívoro para romper las vértebras cervicales de su presa.

▲ Ten cuidado con cualquier acción para tratar de contener a tu perro que podría volverse contra ti.

En lenguaje canino es un gesto extremo que significa: "Quiero matarte".

• "¡Empújalo al suelo por la piel del cuello y suéltalo sólo cuando se haya tranquilizado!"
Esta práctica sólo funciona entre los perros. En efecto, cuando un perro se somete, relaja los músculos por completo, lo que hace que el agresor suelte de inmediato a la presa. Sólo un perro posee una agudeza de percepción suficiente para sentir el momento en que su oponente se relaja. Esto está fuera del alcance del humano. Y un perro que se relaja (lo que

▲ No sometas a tu perro llevándolo al suelo como lo hacen entre ellos.

equivale a una señal de sumisión), y que no se libera del agarre, de inmediato se vuelve a poner en actitud de combate.
Con esta técnica sólo te estás arriesgando a que tu perro aprenda a pasar directamente al comportamiento "mordida" pasando por alto las posturas de sumisión canina.

¿Eres humano? Entonces eres más inteligente que tu perro. Así que sé astuto. Las técnicas simples y coherentes permiten someter al delincuente al camino correcto, sin sufrir riesgos y sin traumatizar al perro.

¿Cómo recuperar EL CONTROL?

No hay excusa para los comportamientos agresivos: un yorkshire que muerde un dedo puede ocasionar heridas igual de graves que un perro grande.

➤ Para hacerlo bajar sin peligro, ata una larga cuerda a su collar y ordénale firmemente que baje del sofá.

CONTROLA EL ESPACIO

Coloca la cesta de tu perro en un sitio aislado, desde donde no pueda vigilar todo. Cuando se encuentre ahí, déjalo tranquilo, pero si se se cruza en tu camino, sácalo. Si se resiste, existen dos soluciones.

• **Amarra una cuerda** de aproximadamente 2 m a su collar y pide a alguien más que lo aleje de ti desde tu llegada. Por tu parte, dale una orden firme: "Quítate".

• **Si estás solo** y temes sus reacciones, toma la precaución de dejarle un espacio libre, después camina con una silla por delante tuyo y colócala firmemente en el suelo frente a él mientras le ordenas "Quítate", hasta que se aleje.

Prohíbele también subirse al sofá y ocupar el mismo espacio que tú: su lugar está en su cesta.

RESTRINGE EL CONTACTO

Prohíbele que se monte en tu pierna, así como cualquier otro comportamiento de carácter sexual que tenga hacia ti. Si temes su reacción, da la media vuelta para hacer que se suelte y sácalo de la habitación cubriéndote con la silla. No más cariños ni atención cuando él quiera: ponlo a dieta de afecto. Las caricias se darán cuando tú quieras, no cuando él las pida. Déjalo sin contacto por unos días, después llámalo, dale una o dos caricias, ¡y se acabó! Aunque pida más.

Lo mismo al pasear: reduce al mínimo la atención y los intercambios, a menos que tú quieras darlos.

¿Adopta un comportamiento agresivo? Aíslalo enseguida tirando con firmeza de la cuerda atada a su cuello, pero sin enojarte. Déjalo afuera o solo en una habitación, en un lugar donde no tendrá ningún contacto.

DA ÓRDENES A TIEMPO

Sin discursos largos y quejumbrosos: da órdenes claras y concisas, siempre las mismas. El regaño debe ser inmediato a cada comportamiento indeseable. Castigarlo aunque sea dos minutos después ya es demasiado tarde, ya que no hará la asociación entre su comportamiento y la sanción.

En caso de que lo necesite, llévalo a un adiestramiento canino.

CONTROLA SU ALIMENTACIÓN

Aliméntalo después de ti. No más regalos en la mesa, un plato en el suelo después de tu propia comida, en un rincón solitario donde nadie lo vea comer (comer frente a los demás es un derecho reservado sólo para el jefe). Si no come después de 20 minutos, recoge el plato, y no le ofrezcas nada hasta el día siguiente. Quédate tranquilo: ningún perro se ha muerto de hambre con esta técnica.

ALTERA SUS HÁBITOS

¿Tiene una rutina bien establecida? Cambia sus horas de alimentación, de paseo, el lugar de su cesta; altera de tajo sus costumbres para hacerlo más manejable a los cambios que se avecinan.

Medida de emergencia

Si en verdad temes a las reacciones de tu perro, mételo en una pensión por 3 semanas y solicita con urgencia que lo aíslen (nada de cariños, nada de otros perros con él). Este cambio desequilibra al animal y te da tiempo de recuperarte del susto. Introduce nuevas reglas a su regreso. Esto es algo relativamente brusco, pero preferible a la eutanasia.

➤ Aislarlo afuera en caso de agresividad, acabar con los regalos en la mesa... muchas vías para que recuperes el control.

Seguir el rumbo

Listo, tu perro te respeta de nuevo
y ya no gruñe cuando te acercas.
Algunos consejos para reafirmar
la situación.

UNA DISCIPLINA PARA LA VIDA

Este estado de paz que has obtenido probablemente
no durará. No caigas otra vez en la rutina dejando a tu
perro retroceder poco a poco sobre lo ya avanzado,
hasta el próximo incidente.

Es necesario saber que un perro con un fuerte temperamento requerirá ser vigilado de manera permanente
toda su vida. Desde luego, puedes hacerle cariños, pero
cuidado de no caer en la resbalosa trampa de "todo
es permitido".

▲ ¡Cuidado con los comportamientos riesgosos!

Toda su vida deberás darle órdenes claras, siempre
idénticas. Piensa en elementos ambientales que podrían
detonar el estrés en tu animal y llevarlo a adoptar una
conducta agresiva: un pequeño jardín con mucha agitación alrededor, una familia numerosa siempre detrás
de él o simplemente la falta de ejercicio. Todas esas
situaciones pueden conducir a un perro bajo presión
a morder tarde o temprano.

Oblígalo a hacer ejercicio. Se pueden realizar muchas
actividades con un perro: agilidad, correr, ir con él en
bicicleta, etc. Todo lo que le permita canalizar su energía
es bienvenido: un perro fatigado es un perro relajado.

▲ No porque tu perro haya progresado, debes relajar la
vigilancia.

CONSEJOS DE APLICACIÓN COTIDIANA

Recuerda que un perro con fuerte temperamento tendrá siempre un margen de tolerancia más reducido
que cualquier otro perro. ¡Cuidado con los niños! El
riesgo existe con cualquier perro, pero éste en particular
deberá ser objeto de una vigilancia acrecentada: nunca
los dejes solos con él.

➤ La agilidad permite desfogar bastante energía.

➤ Un paseo en bicicleta es bueno para el perro y... para su amo.

Como complemento, puedes llevarlo a tomar sesiones de obediencia para reafirmar tu autoridad. Selecciona bien el campamento, un adiestrador competente que no intente una lucha de poder con tu perro y en lugar de eso lo canalice a través del juego.

Si te propone sesiones de "mordidas", recházalo: no hay nada peor que tener un perro que muerde y provocar una mordedura a la orden. Esto no lo hará desahogarse y tú obtendrás una "bomba de tiempo".

▼ Una o más sesiones de obediencia también pueden ayudar a tu perro a recuperar sus hábitos.

¿Obediencia o respeto?

No confundas la obediencia con el respeto.

Un perro puede ser extremadamente obediente en el campamento y morderte en casa. Por el contrario, puedes tener un perro desobediente, alocado y totalmente incontrolable, pero adorable y respetuoso que nunca gruñe.

Distingue bien los dos, pues llevarlo a practicar sesiones de adiestramiento en un campamento de educación para resolver un problema de agresividad podría ser el objetivo equivocado.

¡Cuidado!
Nunca dejes solos a los niños con un perro. El riesgo está presente sin importar de qué perro se trate.

LA AGRESIVIDAD
hacia los otros perros

Hay una regla de oro en los conflictos caninos: ¡mientras menos se involucre el humano, mejor! En lo posible, deja que tu compañero arregle su relación con los otros perros sin intervenir.

▲ Déjalo que se conozcan: desata a tu perro y todo marchará bien.

SI ESTÁ AMARRADO

Es la causa más frecuente de las peleas. Para ello, existen dos razones.

• El amo, irritado y sujetando la correa, envía señales de angustia a su perro: éste reacciona detonando un comportamiento agresivo.

• Un perro amarrado no puede ni elegir su distancia de seguridad (distancia que le permite huir y lo separa del otro perro), ni adoptar rápidamente la postura de sumisión adecuada. Por tanto, el lenguaje corporal entre los perros se complica, ya que éstos se esfuerzan por interpretar las señales de sus congéneres. Y el encuentro es inevitable.

Ésta es la razón por la que a menudo vemos a perros pequeños saltar sobre otros más grandes: tienen miedo de no poder huir.

Por consiguiente, por muy atemorizante que pueda parecerte, si un perro se acerca al tuyo corriendo, suéltalo. De esta manera le dejas la opción de alejarse del intruso o comunicarse libremente con él. Si temes que tu perro no pueda escapar, paséalo con una correa

▲ Los combates peligrosos entre dos perros son poco frecuentes.

de unos 10 metros de largo, que le brindará suficiente libertad de movimiento.

Debes saber que las peleas entre perros en libertad a menudo son de corta duración y las heridas son raras, aunque la escena es a veces impresionante.

SI ESTÁ EN LIBERTAD

¿Se precipita contra los intrusos, con el pelaje erizado y los ataca invariablemente?

La primera pregunta que hay que hacerse es: ¿eres en parte responsable de la situación? Una pregunta comprometedora, pero importante, ya que si intervienes en cada pelea, ¡tu perro pronto adquirirá el hábito de saltar sobre el montón sin pensarlo, sabiendo que los refuerzos llegarán!

▲ ¿Ponerle el bozal te tranquiliza? Utilízalo para pasear.

¿QUÉ HACER?

• **Maneja tu propio estrés.** Si te estresas mucho cuando sales con tu perro, él reaccionará con más vigor. Si te calma sacarlo con bozal, ¡hazlo! Por lo tanto tu tranquilidad lo calmará.

• **Llévalo a un club canino**, en donde estará en contacto con otros perros. Elige un club en el que los perros estén sueltos al principio de la sesión. Si tu perro muestra un comportamiento agresivo, aíslalo de inmediato amarrándolo lejos de los otros. De ser necesario, amárralo con una cuerda que te permita atraparlo inmediatamente y alejarlo. ¡Él comprenderá muy pronto que, para poder jugar, primero debe estar en calma!

▲ No confundas la agresividad con tácticas de acercamiento entre machos y hembras.

¿Castrarlo o no?

PRECAUCIÓN: La castración no controla los impulsos sexuales, actúa sobre los comportamientos agresivos ocasionados por los niveles de hormonas en la sangre. Limita de manera efectiva los problemas de testosterona, ¡pero no tendrá ningún efecto sobre un perro que "se conduce mecánicamente"! Por tal motivo, las conductas agresivas deberán, en todos los casos, ser objeto de una reeducación del comportamiento. Una excepción: el monorquidismo (un testículo no descendido). En este caso, lo recomendable es castrarlo, ya que este defecto puede generar comportamientos agresivos a causa del dolor.

> *Si bien los hombres pueden hacerse amigos después de una buena batalla, entre perros, si se desagradan, es una lucha a muerte. Si has llegado a la etapa de las batallas recurrentes, la única solución es reubicar a uno de éstos.*

Mi perro ES CELOSO

3

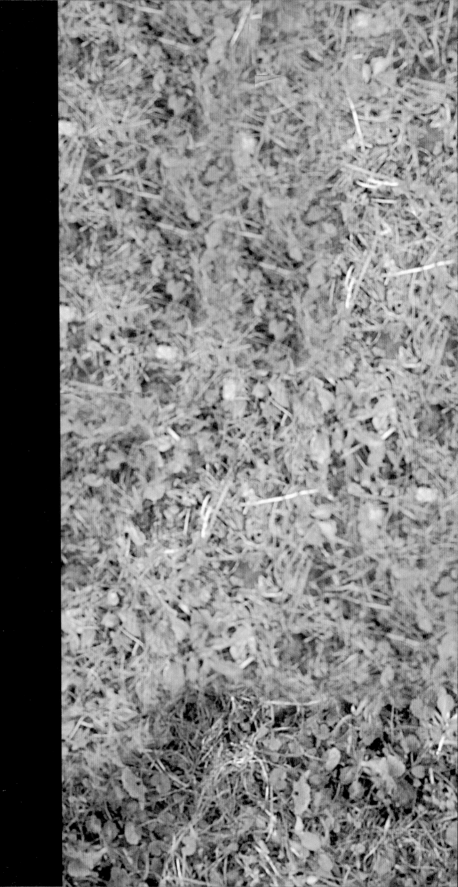

Está celoso
DE OTRO ANIMAL

Tu perro está celoso. ¿La prueba? Gruñe e incluso persigue al otro animal.
No hay forma de que dé un paseo tranquilamente.

▲ Una clara jerarquía apacigua las relaciones entre
todos los miembros de la familia.

CELOS Y LUCHA POR EL PODER

Si se trata de otro perro, puede ser que anteriormente
hayas presenciado peleas entre ellos, luego las cosas se
tranquilizan por algunos días y el ciclo comienza otra vez.

En el caso de un gato u otro animal, te das cuenta con
terror y a veces con exasperación que tu perro adopta
un comportamiento tirano: "yo mando aquí", hacia el otro
animal. Así, lo empuja para recibir la caricia tuya que era
para él o intenta montarse sobre él para dejarlo abajo.

La buena noticia es que, de todas formas, el gato no
sabe descifrar las conductas del perro. Este par no se
entiende, funcionan en una forma opuesta: boca arriba,
el gato se defiende y presenta sus cuatro patas armadas
con garras, mientras que para el perro esa posición es
una invitación para dejarse querer. Los gatos mueven
la cola cuando están nerviosos, mientras que los perros
lo hacen cuando están contentos y emocionados.

Hay que recordar, en primer lugar, que esta situación
no es constante a lo largo del tiempo. El debilitamiento
de un animal, su envejecimiento, la llegada a la edad
adulta del otro, son trastornos que pueden desencadenar cambios en la jerarquía entre ellos.

Si quieres tener paz, necesitas observar y aceptar este
nuevo orden social, aunque te cause tristeza porque
se trata de tu viejo amigo Kikí y lo quieres defender
contra ese odioso y joven perro que no lo deja en paz.
Por desgracia, la solución es la que te parecerá más
injusta: favorecer al fuerte y degradar al otro al estado
de débil. La naturaleza no es benévola, pero los perros
"destronados" no ven tan mal esta situación una vez que
todo vuelve a la normalidad. Después de todo, así es el
orden natural de las cosas.

➤ Manejar las frustraciones de los perros al premiarlos de

DOS SOLUCIONES

1 La primera es de gran provecho si la pones en práctica inmediatamente, ya que regula los intercambios y enseña a tu perro a controlar la frustración. Sin embargo, se trata de un ardid, porque tú eres quien controla por completo las relaciones entre ellos.

La regla consiste en enseñarles a controlar sus frustraciones recompensándolos de manera aleatoria, una vez a uno, otra vez al otro, sin tomar en cuenta el orden jerárquico.

Este método no puede llevarse a cabo sin que se tenga un mínimo de educación previa. Tiene la ventaja de ayudar al perro a aceptar los "errores" de jerarquía y lo lleva a tolerar mejor las situaciones imprevisibles (por ejemplo, ¡que el gato coma de su plato!). En cualquier caso, tu posición debe ser la del jefe indiscutible.

2 La segunda solución: respetar con rigor y bajo cualquier circunstancia el orden establecido, es decir: acariciar, alimentar, jugar, prestar atención siempre a tu perro "jefe" en primer lugar. Esta regla debe respetarse sin excepción si no quieres que tu joven perro castigue con fuerza la más mínima atención primordial prestada a su rival. Para los humanos puede no ser muy agradable, pero es la única solución para hacerlos convivir a largo plazo.

Este método requiere que prestes atención cotidiana, ya que el líder de hoy tal vez será el sumiso mañana y si no sigues con atención el desplazamiento de jerarquía, ¡será un fracaso seguro!

Emprende la retirada

Tratar de controlar la situación viéndola con ojos de humano no hará más que empeorar las cosas. Es difícil de aceptar mirar a tu perro viejo perder sus privilegios y cederlos a un perro más joven, justo en el momento en que por su vejez sentimos más deseos de brindarle nuestra protección. Pero respetar la lógica canina ¡es la mejor solución a largo plazo para afianzar la seguridad y la calma en el seno de tu hogar!

El método de la recompensa aleatoria está libre de riesgos si tienes la suficiente autoridad sobre tus perros, de lo contrario será un fracaso seguro. Si el animal dominante no tolera ninguna excepción a las reglas, existe el riesgo de que castigue al otro animal.

manera aleatoria permite controlar sus relaciones.

Mi perro está celoso de MI PAREJA

Al principio todo iba bien, pero poco a poco tu perro muestra su preferencia: tú. Él te obedece al pie de la letra, pero con tu pareja, ¡todo es diferente! Tal parece que se vuelve sordo, ni siquiera le dirige la mirada y le muestra gran indiferencia: "¡No me interesa!"

▲ Para que las crisis de celos terminen, deben estar de acuerdo en la estrategia que utilizarán.

NO TOMES LAS COSAS A LA LIGERA

Podemos hallar esta situación divertida o gratificante: después de todo, es tu perro y te adora, ¿es normal, no? Por desgracia, esto se vuelve mucho menos divertido cuando tu perro se instala en la cama y amenaza a tu pareja con los dientes por delante, o cuando no obedece para nada cuando tú no estás. Esta situación se puede tornar súbitamente peligrosa, sobre todo si tu perro es de talla considerable y comienza a mostrar claros signos de amenaza o hace tu vida de pareja prácticamente imposible e interfiere a cada instante en tu relación.

Esto, sin mencionar el riesgo de que tu pareja definitivamente no lo soporte.

Aunque la situación te parezca cómica, debes ser objetivo y aceptar lo evidente: hay que restablecer el orden inmediatamente antes de que estalle el drama o que la situación se torne materialmente insufrible.

Para esto, todos los miembros de la familia deberán ser lo suficientemente coherentes y el rumbo deberá estar muy bien definido, para que el perro se enfrente a límites claramente impuestos por todos.

No subestimes a tu mascota: ¡al principio intentará mostrar aires de desdicha para tratar de conseguir tu piedad o la de tu pareja! Pero si cedes, habrá ganado la batalla y tú no podrás hacer más que enfrentar tu derrota.

¿CÓMO HACERLO?

• **Haz que tu pareja participe** en las sesiones de adiestramiento, los paseos, la repartición del alimento, pero sobre todo en los juegos. Cuanto más interactúe con el perro, la pasará mejor.

• **Saca al perro de la habitación** y asígnale un rincón sólo para él, colócale un tapete, una casita o un cojín cómodo y en un lugar tranquilo.

➤ Haz que tu pareja participe a cada instante.

➤ Prohíbe a tu perro subir al sofá: ¡cada cual su territorio!

• **Prohíbele subir al sofá** además de otros privilegios permitidos. Si el perro no obedece o se torna agresivo, déjalo amarrado para evitar cualquier reacción demasiado extrema en contra de tu pareja y vuélvele a enseñar las instrucciones elementales.

➤ Recompénsalo a cambio de su obediencia.

• **Limítale tus muestras de cariño:** las caricias están bien, pero él no hará nada sin obtener algo a cambio. ¡Acaba con las recompensas gratuitas! Recompénsalo a cambio de que obedezca una orden, pero no le des ninguna caricia o galleta si no hay intercambio. Si va a quejarse con tu pareja (resulta que de pronto sí se interesa por él), debe tener cuidado con lo que hace para no caer en la trampa de la compasión. Ambos deben darle el mismo trato: ¡una orden a cambio de una recompensa o nada!

Acostumbra a tu perro a no recibir sistemáticamente muestras de atención cada vez que las pida. Esto es para que entienda bien que su momento no es forzosamente el tuyo y que lo obtendrá después, ¡cuando tú lo decidas! Tu pareja deberá adoptar la misma técnica.

Una solución lúdica para ponerlo otra vez en su lugar

Aplica el "juego de la jauría": forma con tu pareja y/o con tus amigos un círculo cerrado al que el perro no pueda entrar. Hablen, ríanse, etc. Normalmente, el celoso perro va a intentar participar y ladrará. Cuando esto suceda, rompan el grupo y formen nuevamente el círculo un poco más lejos. Repitan la maniobra hasta que se dé por vencido y se quede en su lugar, observándolos con un aire de disgusto. Esto es a lo que comúnmente llamamos "ponerlo en su lugar", en lenguaje canino.

Tal ves lo comprendas mejor si cambias de perspectiva: no tomes la preferencia de tu perro como una prueba de cariño, más bien es una prueba de posesión. ¡Todo depende del punto de vista!

Cómo controlar los celos DÍA TRAS DÍA

Ahora sí, la situación ya está estable; después de muchos días, si no es que semanas, por fin reina la paz. Presta atención en todo momento para no relajar la disciplina. ¡Es aquí donde comienza el verdadero reto!

NO CEDAS

En cuestión de celos, no importa que se trate de un miembro de la familia o de otro animal, la regla básica es que ¡las reglas establecidas deben mantenerse constantemente y sin fallar! Sin excepción, so pena de ver a tu perro tentado a hacerse justicia por su propia cuenta, eventualmente encajando sus dientes sobre tu viejo Kikí, haciéndose acreedor a una fuerte paliza.

Si sus celos son hacia un miembro de su familia humana, puedes notar que tu perro tratará de impresionarte para recuperar las migajas de poder que ha perdido, abalanzándose sobre tu hijo en busca de una caricia, gruñéndole a tu pareja, ¡o haciendo alguna otra cosa poco agradable!

Si has elegido enseñar a tus perros a controlar sus frustraciones y a que te consideren el jefe indiscutible del grupo, indudablemente has puesto límite a estos riesgos.

Si hay que reacomodar el orden jerárquico entre animales, evidentemente puedes continuar favoreciendo a tu viejo preferido, pero siempre escapando de la mirada del otro perro. Este último no se enterará si acaricias a tu otro animal mientras él se encuentra afuera en el jardín o ha salido a dar un paseo con tu pareja. Pero, en todos los casos, cuando los dos perros estén presentes debes respetar permanentemente el orden establecido.

LAS MISMAS REGLAS PARA TODOS

Según la experiencia, la solución que consiste en reproducir la jerarquía canina es la más difícil de sostener con el tiempo, ya que ésta se debe explicar tanto a los niños como a las visitas, quienes tarde o temprano romperán la regla diciendo: "No, no pasa nada, todo marcha bien, no te preocupes tanto, si nada más fue un cariñito", sin ser conscientes de las consecuencias. Y ellos serán los primeros en sorprenderse si el perro les gruñe o si presencian una escena de agresión en tu casa.

Ya sabemos lo que sucederá, porque además de ser comportamentalistas, ¡constantemente nos enfrentamos a esta misma situación dentro del propio entorno familiar!

Como dice el dicho: "La paciencia y el tiempo hacen más que la fuerza y la violencia". Respira profundo, explica y si aun así no te hacen caso o se hacen los sordos, actúa tranquila pero firme: ¡sepáralos! No es la mejor solución, pero es preferible que ver una pelea entre perros o que haya un accidente por mordedura.

Si has puesto en su lugar a tu perro, no olvides que los animales son capaces de tender trampas. ¡Un perro puede perfectamente intentar recuperar la atención que considera se le debe y que se le ha negado ahora en el hogar!

Puedes ver a tu perro ponerse bajo los pies de tus visitas con una actitud que le partiría el corazón a cualquiera para obtener caricias o golosinas, pero presta atención a sus reacciones cuando deje de recibir las caricias. Te desilusionaría perder el "vínculo" que según tú se había establecido con tu perro porque, si las caricias no le agradan al animal, podría comenzar a gruñir o incluso morder.

¡Recuerda!

Después de un periodo de gran y rápida mejoría, podría presentarse un retroceso que te desanime, cargado de arranques de agresividad o nuevas peleas. No desistas y continúa firmemente con las reglas establecidas. Estos episodios regresivos no ponen en duda la efectividad de las medidas establecidas. Disminuirán progresivamente hasta desaparecer.

De la misma manera que un terremoto está seguido de réplicas menos fuertes, los animales pueden tener "recaídas". Esto no pone en duda la efectividad de las medidas establecidas, es un mecanismo normal que se va debilitando hasta desaparecer.

➤ ¿Insiste en gruñirle a las visitas? Aíslalo nuevamente.

Mi perro

Y LOS NIÑOS

4

Prepara la llegada
DE UN NIÑO

Te encuentras a la espera de un feliz acontecimiento que representará una gran conmoción en tu vida. Y se suman otras inquietudes: ¿cómo reaccionará tu perro?, ¿bien?, ¿mal?, ¿se pondrá celoso?

NO TE OLVIDES DE TU PERRO

Hasta hoy, tu perro ha sido el único objeto de tu atención. ¡Él es tu bebé! Con el fin de evitar la confrontación y lograr a toda costa que acepte de la mejor manera al recién llegado, es importante anticiparse. Si lo haces correctamente, tu perro comprenderá pronto que él también forma parte de la familia y que el acontecimiento también puede aportarle cosas buenas: ¡como las galletas que el bebé tire despreocupadamente o juguetes más divertidos de masticar que los suyos!

Pero antes de alcanzar esta armonía, tendrás que modificar sus hábitos con mucha anticipación a la llegada del bebé. ¡El objetivo es evitar que tu perro asocie al bebé con una serie de inconvenientes en cadena! El error que cometemos comúnmente es volcar toda la atención en el pequeño humano, desplazando al perro a un rincón con mucha menos atención y paseos simplones que nada tienen que ver con aquellas largas caminatas, y qué decir de las incesantes reprimendas cada vez que se suba a las piernas o se acerque a la cuna.

Ponte en su lugar. En este contexto, es difícil aceptar a ese nuevo habitante que se roba toda la atención y lo priva de todos sus privilegios, incluido el más importante: ¡la atención de sus amos!

▲ Los perros comprenden con rapidez los beneficios que pueden obtener de la complicidad con los niños...

▲ ... y comparten con ellos verdaderos momentos de felicidad para toda la vida.

CÓMO MANEJAR BIEN LAS RELACIONES ENTRE TU PERRO Y TU BEBÉ

• **Prepara el cambio con anticipación:** desde el principio del embarazo disminuye y organiza mejor los lapsos de atención que le brindas a tu perro. Para que todo salga bien, es necesario procurar que no experimente tanta frustración por la llegada del bebé. No esperes hasta que el bebé nazca para cambiar el tiempo dedicado a tu perro o los espacios a los que tiene acceso dentro de la casa. Comienza desde el inicio del embarazo o, de ser posible, incluso antes.

Y haz estos cambios progresivamente, no todos al mismo tiempo y de golpe. ¡Tu perro es un ser sensible que puede deprimirse fácilmente si estas modificaciones son muy bruscas para su gusto!

• **No seas ingenuo:** tu perro sabe que esperas un bebé, él siente su corazón, percibe su olor... él sabe. Pero no está de más comprar una prenda de recién nacido durante la maternidad y traerla a casa. Luego déjala casualmente en un rincón: el perro la olerá y será menos sorpresiva la llegada del pequeño con quien compartirá su vida día con día.

• **Preséntalos:** cuando la mamá llegue de la maternidad con el bebé, deja que el perro olfatee el moisés. Si lo que deseas es frenar su curiosidad, hazlo más despacio. Si le pegas en el hocico y lo mandas a echarse al primer movimiento, ¡aprenderá de inmediato a detestar al intruso!

➤ Aunque tu perro tenga buen carácter, nunca los dejes solos.

Perro y niño: ¡cuidado!

No olvides jamás que el perro y el niño no se comprenden. El niño no posee los medios para descifrar los gruñidos o comportamientos de evasión del perro (levantarse y salir de la habitación cuando quiere estar tranquilo). Además, desconfía de los deditos de los bebés que pueden lastimar al perro. Una perra, por muy maternal que sea, castiga a sus cachorros con un mordisco cuando juegan muy brusco. Frente a un niño su reacción será la misma, sólo que, desafortunadamente, el niño al estar a la altura de su hocico recibirá la mordida en la cara. No confundas a un perro con un ángel guardián, aunque en ciertos casos, la devoción hacia tu perro caiga en el heroísmo.

La regla de oro
¡Jamás dejes a un niño y a un perro solos sin supervisión!

Mi perro y mi hijo
EN LA VIDA COTIDIANA

Por fin, todo va bien, tu hijo y tu perro se adoran. Además, ¡los dos se entienden a la perfección! Sin embargo, ¿cómo debes manejar las cosas diariamente para que todo continúe bien?

➤ Prohibidos los juegos que impliquen fuerza.

EL RESPETO DEBE SER MUTUO

Es necesario establecer reglas sencillas, para ambas partes, con el fin de evitar conflictos. Es primordial que el perro aprenda a respetar al niño (no debe echársele encima, ni gruñirle...), pero es igualmente necesario inculcarle a tu hijo respeto hacia el animal.

Además, debes saber que un perro puede tolerar con una paciencia inagotable las persecuciones de los pequeños monstruos, pero el día menos pensado la paciencia se agota y, si no has fijado límites, estará tentado a tomar sus propias medidas, es decir... usar sus dientes. Una vez vi a un perro en consultorio del veterinario después de haber mordido a un niño; la familia reclamaba una eutanasia inmediata: luego se descubrió que ¡el perro tenía la punta de un compás enterrada en la oreja!

Finalmente, para cuando tu hijo sea adolescente, las cosas cambiarán (consulta la barra lateral) y tu perro podría ser mucho menos tolerante.

ALGUNAS REGLAS SIMPLES

• **Evita los juegos que impliquen un intercambio de fuerza** entre el niño y el perro: se corre el riesgo de sobreexcitar al perro haciendo peligrar al niño.

• **Todo castigo corporal hacia el perro** tipo golpes debe ser prohibido al niño. Esto tampoco es recomendable para un adulto... El perro corre el riesgo de perder la confianza hacia los humanos y no es recomendable que un niño, a quien él percibe como un cachorro, lo corrija. Un "¡No!" será suficiente.

• **Nunca dejes solos al niño y al perro.** Todo puede suceder: una violenta crisis de cólera cuando el perro toma un juguete del niño, una reacción agresiva cuando el niño se adueña del juguete del perro, etc.

• **El niño puede alimentarlo** bajo la supervisión de un adulto, pero debe dejarlo que coma tranquilo. Lo mismo debe ser si el perro roe un hueso o un juguete.

➤ Nunca dejes solos a un niño y a un perro.

> Los niños encuentran placentero enseñar trucos divertidos.

• **Dejen al perro tranquilo mientras duerme.** Su cesta y su cobija son privados. No se le deben hacer cariños ni acariciarlo, mucho menos despertarlo. Es su refugio: ¡aprendan a respetarlo!

• **Involucra a los niños** en el adiestramiento canino, el cual debe ser lúdico e incluir recompensas (golosinas, caricias, etc.). Pronto les agrada a los niños enseñar trucos al perro; más adelante pueden enseñarles trucos de destreza u obediencia rítmica.

• **¡Cada cual sus juguetes!** Enseña a los niños a guardar sus juguetes para evitar que el perro se los adueñe. Destina otra caja en la que también se guardarán los juguetes del perro.

> Enseña al niño a hacerle cariños al perro sin apretarlo.

• **Enseña al niño a acariciar** correctamente a un perro: que no se le acerque de repente por atrás, que no le aproxime directamente la mano a la cabeza y que no lo apriete entre sus brazos.

¡Adolescencia = prudencia!

El perro percibe la revolución hormonal que se presenta en la adolescencia: la menstruación en las niñas, el cambio de voz en los niños. Desde el punto de vista canino, los niños dejan el mundo de los "cachorros" para entrar al de los adultos.

El perro tiende a volverse menos tolerante a la torpeza y brusquedad de los niños si éstos no están acostumbrados a respetarlo. Entonces se presentan numerosas mordeduras. ¡La adolescencia de un niño detona el fin de la tolerancia canina!

La coexistencia entre perro y niño siempre es delicada: en ocasiones puede volverse explosiva. El abandono de demasiados perros después del nacimiento de un bebé lo confirma.

Enseña UN BUEN COMPORTAMIENTO a los niños

Existen comportamientos que se deben adoptar y otros que ¡hay que evitar! Mostrar temor es la reacción MÁS peligrosa. El primer reflejo es alejarse corriendo, pero ¡es lo que provoca más accidentes!

COMPORTAMIENTOS QUE SE DEBEN EVITAR

Recuerdo una vecina cuyo marido era adiestrador de perros y trabajaba con un pastor alemán. Tenían dos hijos y sus amiguitos vecinos a menudo los visitaban. Un día una niña vecina llegó, de pronto vio al perro llegar al jardín, se asustó y salió corriendo gritando y agitando los brazos en el aire.

Afortunadamente, el perro estaba acostumbrado a los niños y luego de una carrera se detuvo justo antes de clavar sus dientes en la espalda de la niña.

Para evitar problemas entre perros y niños, es recomendable prevenirlos explicando a los niños los comportamientos que deben adoptar y los que deben evitar.

Existen gestos que tranquilizan al perro o que son neutros y otros que, aunque al niño le parezcan amistosos (por ejemplo darle un beso en la punta de la nariz), el perro los percibe como extremadamente agresivos.

¿QUÉ ACTITUDES DEBEN ADOPTAR LOS NIÑOS?

• Evitar mirar al perro fijamente a los ojos, sobre todo si el niño no lo conoce. Continuamente vemos a los niños tomar a un perro por la cabeza y acercarse a darle un beso en la nariz. En la mayoría de los casos, esto termina bien.

• Pero si el perro es temeroso o miedoso, podría morder al niño. Si se siente amenazado y se le mira fijamente, puede tomarlo como agresión, reaccionará en señal de autodefensa y morderá directo al rostro.

• Hay que permanecer a distancia si se encuentra amarrado o encerrado por la misma razón: el perro no puede escapar y podría estar a la defensiva.

• Hay que evitar inquietarlo con comida o juguetes.

• Hay que dejarlo tranquilo mientras come o mientras duerme. Una interrupción podría ocasionarle temor y entonces podría presentar el reflejo de morder.

• Hay que dejarlo que se acerque a su propio ritmo. Si no quiere venir, hay que dejarlo tranquilo.

▲ Un perro no es un muñeco ni un peluche: ¡está prohibido jalarle las orejas!

▲ Explícale a tu hijo cómo hacerle cariños al perro de manera segura.

• Hay que hacerle cariños correctamente. El perro es un animal, no un peluche. Algunos no gustan mucho de las caricias, y debemos dejarlos tranquilos; deben darse al jugar, en los costados o en el pecho del perro, suavemente y sin tomarlo por sorpresa.

▲ Ten siempre en cuenta que al perro no le corresponde interpretar el comportamiento de tu hijo.

• No se debe gritar o echarse a correr frente a un perro amenazador, hay que apretar los brazos contra el cuerpo, mirar al suelo y callarse. Al pasar nuestra lengua por los labios, el perro lo interpreta como una señal de tranquilidad y detendrá la amenaza.
• Hay que evitar los juegos que aumentan la excitación del perro, como jugar a tirar de un trapo o un pedazo de madera. Excitado, el perro sería incontrolable y representaría un peligro real.

¡Más vale prevenir que lamentar!

Para que el niño comprenda bien, es importante explicarle con palabras sencillas la forma en la que el perro percibe las cosas.
Son cada vez más las escuelas que solicitan la intervención de comportamentalistas para explicar a los niños las actitudes que deben tener ante un perro, conocido o desconocido, con el fin de prevenir accidentes.

Un perro, como todo el mundo, necesita de tranquilidad e intimidad. No es un juguete: dale la oportunidad de vivir su vida y de aislarse cuando lo necesite.

¿Por qué teme
A LOS NIÑOS?

Tu perro es muy sociable con todo el mundo excepto con los niños.
Cuando lo sacas a pasear tal vez corre para ponerse a salvo de ellos o,
peor aún, no los soporta y si alguno se acerca, ladra frenéticamente al
tiempo que lo sujetas por la correa.

¿POR QUÉ NO QUIERE A LOS NIÑOS?

El comportamiento de tu perro sin duda te hará acreedor de un montón de comentarios desagradables: "Su perro es un peligro", "qué perro tan malo", "debería sacarlo con bozal", "deberían prohibir que estos animales anden por la calle", etc. ¡Ah...! Ojalá que toda esa gente pudiera comprender que justamente el miedo es lo que provoca que actúe de esa manera. ¿Qué ha experimentado para que deteste a los niños y les tenga tanto miedo? Hemos visto situaciones en las que los hijos del vecino se divierten aventando piedras al perro, sacudiendo la reja para hacerlo aullar o lanzando petardos al jardín. Qué tal si entonces le explicamos al perro que los niños no son pequeños monstruos malcriados y que existen algunos que aman y respetan a los animales.

No es posible, pero para mejorar las cosas, necesitas paciencia y actuar de manera progresiva. Respeta el hecho de que siente miedo y no lo obligues nunca a acercárseles, sobre todo al principio, ya que podría tener una violenta reacción defensiva y morder al niño que trate de tocarlo.

¿CÓMO HACER PARA QUE TU PERRO TOLERE A LOS NIÑOS?

1 Busca cerca de tu colonia una guardería, un jardín de niños o una escuela. Si a tu perro le gusta andar en auto y se siente cómodo, paseen frente al establecimiento a la hora del recreo. No digas nada ni trates de hacerlo sentir seguro o pedirle que se calle. ¡Guarda silencio! Cuando deje de mostrar alguna reacción, pasa a la siguiente etapa.

2 Detén tu auto frente la escuela a la hora de la salida. No salgan del vehículo la primera vez, a menos que el perro no tenga ninguna reacción. Lleva a cabo tantos ensayos como el perro tolere sin mostrarse temeroso.

3 Siéntate frente a la salida de la escuela con una buena lectura. Mantén amarrado al perro para evitar que salga corriendo a toda velocidad. Al principio podría sentir pánico, así que no permanezcan ahí por mucho tiempo. Lo más importante es permanecer neutro, calmado y sereno. Como tú eres su punto de referencia, si tu perro ve que la situación no te inquieta, él sentirá que todo está bien, que no hay nada que temer.

4 También puedes jugar con él frente a la escuela, desviar su miedo hacia cualquier cosa que le interese. Si su atención está fija, entonces se olvidará de los niños.

5 Progresivamente, acércate a los niños que salen de la escuela. Respeta el ritmo del perro, observa bien sus reacciones.

6 Entonces, pide a algún niño cómplice que se le acerque con alguna golosina en la mano, ya sea por el lomo o por un costado para evitar las miradas fijas. Especialmente, deja que el perro se acerque a tomar la golosina. No digas nada, no lo incites, esto podría inquietarlo.

7 Si todo sale bien, podrás poco a poco hacer que intervengan más niños. Si tu perro tiene miedo, no refuerces sus temores al intentar tranquilizarlo de otras formas. Permanece neutro y en calma.

Después de algunos meses, su comportamiento habrá cambiado para bien, ¡a menos que un terrible hombrecillo de 80 cm se le acerque con un palo en la mano!

Mi perro ES MIEDOSO

5

Mi perro es miedoso:
¿POR QUÉ?

Tener un perro miedoso es una lata: puede ser que te tenga miedo a ti y huya en lugar de acercarse, o que les ladre a los extraños hasta quedar exhausto, o que el pánico lo paralice. ¿Pero qué sucede dentro de su cabeza? El miedo tiene diversos orígenes que nosotros confundimos a menudo.

▲ Criado dentro de un enorme aislamiento, un perro se encuentra inadaptado a la vida dentro de una familia.

TUVO UNA MALA FAMILIARIZACIÓN

La primera causa del problema, sobre la cual ya hablamos de cómo prevenirla, es una mala familiarización con su entorno, que le proporciona al perro miedoso una total falta de adaptación a su vida con humanos. Éste es el problema característico de los perros criados "al aire libre y en el campo" o bien en cautiverio, ¡no están acostumbrados a los humanos, a otros perros, a los botes de basura, a los vehículos, a los comercios, a los niños, etcétera!

Estos elementos no se encuentran registrados "en el disco duro" de la impregnación (cuya duración es extremadamente corta, entre el nacimiento y los 2 meses y medio); el perro le teme a todo lo que no forma parte del programa de descubrimiento inicial. No nos cansaremos de repetir que esta etapa es irreversible.

Esto da como resultado un perro miedoso de por vida, a quien podremos reeducar poco a poco, pero que permanecerá siempre a la defensiva. Un perro mal familiarizado continuará temiendo a cada nueva experiencia. Si no se le estimula regularmente, retrocederá.

FUE MALTRATADO

Se suele confundir una mala familiarización con el comportamiento de un perro golpeado. Pero con un perro maltratado, a menudo hay una palabra o gesto detonante (alzar la voz, tomar la escoba, etc.). Frente a este detonante, se arrastra o tiembla, mientras que el resto del tiempo, una vez tranquilo, se acerca a la gente. Todo el tiempo tendrá el impulso de mover la cola y el deseo de acercarse aunque sienta temor, mientras que un perro mal familiarizado tendrá un único deseo: ¡huir!

▲ Investiga acerca de los traumas que tu perro haya podido sufrir en el pasado.

▲ Si tu perro es emotivo, será necesario aprender a tranquilizarlo.

SE IMPRESIONA FÁCILMENTE

Si es un perro emotivo y tú eres muy corpulento o tienes voz gruesa, puede quererte mucho, ¡y estar aterrorizado al mismo tiempo! Esto es típico de los cachorros que se orinan al acercarse a ti y al mismo tiempo mueven la cola. ¡Con un poco de paciencia y las artimañas de las páginas siguientes puede arreglarse todo!

TIENE FOBIAS

El diagnóstico es simple: se aterroriza frente a un evento en particular y nada más ante éste: al escuchar truenos, a los petardos, cuando ve niños o a otro perro (grande y negro o peludo y beige, etc.). El resto del tiempo, está completamente normal. El perro ha desarrollado un miedo fóbico a partir de un evento (a veces desconocido por sus amos) que ha asociado con un susto.

▲ Los animales también pueden desencadenar fobias a raíz de eventos traumáticos.

¡Temeroso debido a que no ve bien!

Son muchos los perros desconfiados y temerosos con el hombre, que recuperan drásticamente una total confianza en él, ¡con un simple prendedor! Tal es el caso, por ejemplo, de los yorkshire, briard, labrit y otros perros, cuyo abundante fleco cae sobre sus ojos, tapándoles la vista.
Amarrar o cortar el pelo que cae sobre los ojos de un perro no hará que se quede ciego al exponerlo al sol, como algunos creen. Al contrario, ¡esto le permitirá ver por fin quién se le acerca!

La confianza que obtiene un perro golpeado es similar a una cubeta: una vez que se llena, permanecerá así. La de un perro mal familiarizado se asemeja a una cubeta agujereada: podemos llenarla, pero sin un estímulo constante, se filtrará hasta quedar de nuevo vacía.

► 93 ◄

Mi perro teme a
LOS DESCONOCIDOS

Tu perro es adorable contigo, cariñoso, confiado, le puedes hacer
lo que quieras pero, con los extraños, ¡es otra historia!

¿POR QUÉ TIENE MIEDO?

Se echa a correr, pone la cola entre las patas, se torna
amenazante, con el pelaje erizado, con gruñidos y enseña
los dientes... ¡siempre dejando una buena distancia!

Este mecanismo está relacionado con una mala familiarización o con maltrato. En los dos casos, necesitas
tener paciencia, ya que el miedo tarda en desaparecer
y tu perro deberá hacer contacto de manera muy progresiva con aquello a lo que teme, sin cruzar nunca sus
límites, porque podrías hacer que recaiga.

¿CÓMO PROCEDER?

• **Ignóralo.** Las visitas no deben mirar fijamente al
perro, ni tratar de acariciarlo o hacer movimientos brus-

cos. Cuidado con la gente que llega o se va, o que hace
un gran bullicio: ¡frecuentemente las mordidas surgen
dentro de toda esta agitación a su alrededor! Si las
visitas están por despedirse, mantén alejado a tu perro.

• **Da siempre a tu perro espacio suficiente**
para retirarse. Evita hacer las presentaciones en un
espacio reducido dentro de la casa o cerca de un muro
exterior donde el perro quede acorralado. Siempre es
necesario que mantenga "su distancia para huir", no
importa de qué animal temeroso se trate, podría tornarse
agresivo si se siente amenazado.

• **Permítele acercarse a su ritmo**, que se aproxime
a olfatear a las visitas y conocerlas poco a poco.

➤ Un buen ejercicio: el visitante, de espaldas, ofrece una golosina al perro, luego de costado, sin mirarlo directamente a los o

• Haz que las visitas se muestren amistosas pidiéndoles que le ofrezcan al perro una golosina. Para ello, diles que eviten mirar fijamente a tu perro y no se inclinen hacia él. De preferencia, deben entregarle el alimento de lado.

• Si tu perro es juguetón, ¡aprovéchalo! Si tus amigos cooperan, pídeles que le lancen una pelota para jugar, ¡de tal manera que progresivamente el perro comprenda que los desconocidos son amigables!

¿Y DESPUÉS?

Una vez que esta primera etapa se ha superado, saca a tu perro y propicia que el contacto sea cada vez más frecuente. Pero sobre todo, nunca rebases sus límites para no perder el beneficio de todos tus esfuerzos anteriores. Para evitar que se quiera zafar de la correa o forcejee, deberá permanecer confiado.

Al salir, nunca permitas que cualquiera lo toque bruscamente, y menos si está amarrado con su correa. Al acercarse a un perro temeroso, la caricia siempre debe hacerse en el pecho, nunca en la cabeza (esto inquieta al animal), sin estrecharlo.

Una vez que comienza a instaurarse la confianza hacia la gente, consérvala para evitar que el perro retroceda.

¡Cuidado, mordidas!

Un perro que tiene miedo es un perro que podría morder, no por maldad, sino para protegerse si se encuentra acorralado. El dicho "perro que ladra no muerde" viene de allí: un perro temeroso, si tiene la opción, ¡preferirá siempre guardar su distancia!
Un perro que ladra es, por lo general, un perro muerto de miedo, más que un perro "guardián" como a menudo lo piensan sus amos.

Acostumbra a tu perro a salir de paseo con alguien más, primero contigo y luego sólo con la otra persona. ¡Este hábito será de gran utilidad si un día necesitas dejarlo en una pensión o encargarlo con alguien mientras sales de vacaciones!

perro aceptará acercarse de frente a buscar la golosina sin temor.

Mi perro teme a LA CIUDAD

Tu perro es bastante tranquilo en casa, pero afuera, ¡es otro asunto! Desde el momento en que pone una pata en la calle lo encuentras ahí con su sombra aterrorizada, con la cola entre las patas, temblando con cada persona que se le cruza, y se precipita para huir de su correa cada que pasa un auto.

¿POR QUÉ?

Mucha gente cree que este comportamiento se detona en un perro que han abandonado lanzándolo desde un auto. Esto es falso la mayoría de las veces.

A menudo, este miedo viene de una mala familiarización: desde pequeño, el perro jamás estuvo confrontado al medio urbano, por lo tanto está aterrorizado.

¿QUÉ HACER?

Es primordial que expongas a tu compañero a las novedades de la ciudad de manera muy progresiva. Comienza por sacarlo a un entorno periurbano más bien tranquilo: cercanías residenciales, parques donde pueda toparse con mucha gente pero sin contacto directo, callejones desiertos. Paséalo hasta que se sienta a gusto. Esto podría tomar tiempo y hará falta que te armes de paciencia.

• **Nunca trates de tranquilizarlo.** No le des discursos, ni intensas caricias durante el paseo, ya que esto significaría tan solo una cosa para él: que tiene razón al tener miedo, pues, ¡te esfuerzas demasiado por tranquilizarlo! Por lo tanto, ignóralo. Si muestra signos de miedo, llámalo para seguir caminando con calma. ¡Esto es lo normal!

• **No lo satures:** si llega a un punto en el cual ya no puede controlar lo que sucede, retrocederá por instinto y se predispondrá a tener miedo. Entonces perderás el beneficio acumulado.

➤ Expón a tu compañero de manera muy progresiva a las novedades urbanas y aumenta gradualmente los estímulos.

▲ No expongas a tu perro de manera muy directa a los contactos: espera a que se familiarice con su entorno.

• **Detén el ejercicio siempre en un punto positivo.** Si se acerca a husmear cualquier cosa desconocida, o si se ha topado con otro perro sin alterarse, eso indica que se ha relajado. Detente ahí, no cometas el error de llevar más lejos el ejercicio.

• **Aumenta muy progresivamente los estímulos:** una calle desierta, luego una calle desierta con uno que otro transeúnte, una calle más concurrida, una calle del centro de la ciudad, los alrededores del mercado y al final el mercado más de cerca.

Para cruzar por el mercado, pídele a la gente que no lo toque, no permitas el contacto si no es poco a poco pidiendo a los desconocidos que lo acaricien siempre en el pecho en primer lugar, nunca en la cabeza (consulta las páginas 94 y 95, Mi perro teme a los desconocidos, ya que a menudo estos dos problemas se relacionan). Todas estas estrategias pueden extenderse a lo largo de varias semanas más, incluso meses.

Una vez que tu perro ha progresado, debes saber que será necesario continuar confrontándolo regularmente a las situaciones temidas para que no se le olvide.

• **Exponlo ahora a situaciones cada vez más fuertes:** calles, camiones de basura, tránsito, etc. Y obsérvalo siempre muy atentamente para detectar sus límites. El perro no debe ni atemorizarse ni intentar huir. Si lo hace, quiere decir que rebasaste el nivel tolerable para él. No te desanimes en este caso: pasea al perro en un entorno más tranquilo y termina el ejercicio dentro de un punto positivo en un momento en el que se relaje.

Es bueno saber

Existen programas de acompañamiento que proponen una iniciación al "buen comportamiento en la ciudad", así como fundamentos de adiestramiento canino.

El amo y su perro aprenden en situaciones reales a comportarse bien en el medio urbano, así como a manejar diferentes situaciones de la vida cotidiana. ¡Esto simplifica la vida para todo el mundo!

¡Agárrate!
Ármate de paciencia, hemos visto situaciones catastróficas volver casi por completo a la normalidad. ¡Todo es posible!

Mi perro teme a viajar EN AUTO

Te encantaría tener un compañero que fuera contigo a todas partes y saltara de alegría en el momento de abrir la portezuela.
Por desgracia no es así. Desde el principio, ¡tu perro y tu auto fueron incompatibles!

¿POR QUÉ TIENE MIEDO?

Tu perro detesta el auto al grado de vomitar en el interior y ponerse insoportable, ¡su cola se machucó en la portezuela en tu penúltimo y desesperado intento por hacerlo entrar (por la fuerza)! Actualmente es un perro adulto y ya pesa 45 kg. Y el problema no siempre se resuelve. Llevarlo a pasear en auto se convierte en una batalla cada vez. ¡Sin mencionar que necesitas cerrar todas las ventanillas porque, de no hacerlo, no dudaría en saltar en plena marcha!

Muy a menudo, una mala familiarización genera un miedo a los vehículos desde el principio. El perro nunca ha visto uno, por lo tanto, le da miedo de inmediato. Aunque sean pocas las veces que se le meta para llevarlo con el veterinario, ¡el vaso está lleno! Entonces, ¿cómo hacer para subir a tu enorme perro a ese ruidoso objeto cuyo olor le resulta nauseabundo?

¿QUÉ HACER?

A menudo los perros se sienten mal al viajar en auto mientras son jóvenes. Si no los transportamos regularmente, pronto lo encontrarán desagradable. Sin embargo, te comprendemos: encontrar los asientos llenos de vómito... ¡Pero la perseverancia tiene sus recompensas! Comprar una cubierta de lona es la única (y temporal) solución. La buena noticia es que esto se compone con el tiempo. Si a pesar de todo tu perro continúa teniendo náuseas en cada viaje, considera llamar a tu veterinario, quien podrá recetar algún remedio para evitar que cada salida a vacacionar se convierta en una pesadilla, tanto para él como para ti.

• **¡Haz que descubra que el auto puede ofrecerle buenas sorpresas!** Para empezar, adquiere el hábito de darle una golosina después de lograr que se suba al vehículo estacionado con el motor apagado. Hazle un cariño y deja que baje. Comienza de nuevo regularmente. También puedes, si las características del auto lo permiten (uno tipo guayín, por ejemplo), darle

▲ Haz que descubra con dulzura ese auto que tanto miedo le da...

▲ ... y, de ser necesario, ofrécele un picnic improvisado sobre el asiento trasero.

de comer en el cofre. Pronto será necesario hacer que asocie al vehículo como un lugar agradable.

• **Aumenta después aquello que le disgusta,** siempre de manera progresiva. Enciende el motor durante un minuto, luego apágalo. Vuelve a hacer esto pero cada vez por más tiempo, hasta que tu perro permanezca en el interior sin estresarse. Una vez que se acostumbre a estar adentro, no le des la golosina hasta que apagues el motor. En todos los casos, sé paciente: este proceso podría llevarse más días.

• **Desplácense en el auto a distancias muy cortas** (unos cuantos metros) y luego hagan largas caminatas; ve aumentando la distancia de los desplazamientos. ¡Pronto comenzará a apreciar tu auto si éste es sinónimo de placer!

▲ Pronto tu perro comprenderá que un paseo en auto puede ser la antesala de una agradable salida.

Arnés y cajas de transporte

Caja de transporte, arnés de seguridad que se abrocha a la correa, malla de protección... Las soluciones son numerosas para garantizar la seguridad de tu animal (y la tuya) al viajar en auto. No dudes en utilizarlas, ya que en caso de accidente, toda la familia saldrá mejor si se encuentra protegida. Esto se aplica también para los animales. Las cajas y los arneses evitan de igual manera que los animales huyan despavoridos a través de las aberturas en caso de choque y ruptura de cristales.

Además, si se agita demasiado al viajar en auto y si su tamaño lo permite, en casa puedes acostumbrarlo también a dormir dentro de una caja de transporte, que le servirá de casa, la cual utilizarás para desplazarlo. ¡Para un perro temeroso, esta "casa suya" que va con él resulta muy tranquilizante!

Mi perro...
¡ME TIENE MIEDO!

Tu perro te adora, pero lo impresionas. Qué puede haber más frustrante para un cariñoso amo que ver a su perro transformarse en tapete con el más mínimo levantamiento de voz. ¡Además de la mirada de desaprobación de la gente que pasa y piensa que lo martirizas!

▲ Los perros jóvenes pueden ser muy emotivos y "sobre-rreaccionar" frente a eventos imprevistos.

¿POR QUÉ?

Ciertos animales son más impresionables que otros. ¡Reaccionan de forma extrema ante tu comportamiento y de vez en cuando te rascas la cabeza ante sus conductas!
Debes saber que muchos perros jóvenes se orinan de emoción cuando sus amos regresan, o al más mínimo levantamiento de tono. Paciencia, ¡este pequeño defecto suele desaparecer por sí solo a medida que crecen!

¿QUÉ HACER?

• **En primer lugar, bríndale a tu perro un lugar relajante,** en donde se sienta seguro: un cesto debajo de una mesita, una casita afelpada, etc. Y prohíbe a todos, sin importar de quién se trate (¡incluso a ti mismo!), que lo toquen, así sea para acariciarlo cuando se encuentre ahí. Saber que él dispone de un rincón donde no corre peligro y al cual se puede retirar en total calma contribuirá a tranquilizar a tu perro. El cesto que destinarás para él debe ser el lugar marcado con letras grandes: "¡No molestar!"

• **Evita las situaciones de conflicto.** Si eres del tipo colérico o impulsivo, debes saber que con cada arranque de nerviosismo pierdes la "confianza vital" arduamente adquirida día con día. Si sientes que la presión aumenta porque estás buscando tus llaves o no encuentras un papel importante, ¡respira profundo

▲ El cesto o la casita debe ser un lugar de tranquilidad para tu perro.

y luego lleva a tu perro a otra habitación o al jardín antes de refunfuñar! Evita fijar los ojos porque para él es una agresión. Si tu perro nunca ha cometido un error, es difícil, pero ¡detente y no continúes la disputa!

• **Desarrolla una buena relación con tu perro:** pasa tiempo con él haciéndole cariños, paséalo, juega con él (el juego es uno de los mejores medios de brindarle confianza) y, sobre todo, evita aprovechar esos instantes para darle al mismo tiempo una lección de obediencia.

¡Evita aquellos paseos en los que gritas por dos minutos completos "alto, ven acá", para asegurarte de que todo está perfectamente bajo control! Si temes que no obedezca, sácalo con una correa larga y suéltalo únicamente en un lugar bien cercado. Allí y solamente allí practica a llamarlo colocándote en posición de cuclillas y felicítalo calurosamente cada vez que regrese.

• **No dudes en "exagerar" las emociones cuando lo hace bien.** De acuerdo, tal vez te verás un poco ridículo, pero debes saber que un "¿Sí? ¡Muy bien mi pequeño!" exclamando con voz aguda (los perros reaccionan mucho más alegre y positivamente que con un timbre grave) tendrá mayor impacto en su comportamiento que un "está bien" dicho con una voz neutra. ¡No importa que los vecinos te vean con un gesto raro! Si tu perro permanece verdaderamente temeroso, darle un compañero más confiado podría impulsarlo a mejorar por imitación. Lo ideal sería un perro del sexo opuesto, para evitar la rivalidad entre ellos.

Evita castigarlo

Si alguna vez tu perro hace una tontería, sabemos que es difícil pero, ¡evita regañarlo!

• Primero, si no lo sorprendes en el acto, no tendrá ningún efecto educativo (para que el perro entienda, hace falta tomarlo en flagrante delito).

• Segundo, un animal comprende mejor cuando se le refuerza de manera positiva sobre lo que deseamos, que si reprimimos vigorosamente el comportamiento indeseable. Si, por ejemplo, no obedece, mejor adquiere el hábito de recompensarlo cuando regrese, en lugar de gritarle cada vez que no obedezca.

¿Le gusta hurgar en el bote de basura? Coloca cinta adhesiva con el lado que se pega hacia arriba (astutamente en las áreas más problemáticas), de tal manera que se castigue solo, sin tu intervención. ¡Además resulta mucho más efectivo que una sanción!

▲ Un perro tímido debe recibir felicitaciones con más calidez.

Le teme al estallido
DE LOS PETARDOS...

¡Ah! Ahí está, ¡inicia la temporada de caza! Y ahí está tu perro escondido, todo tembloroso bajo la cama, está totalmente aterrorizado al grado de no comer nada, no se mueve de su escondite y no espera nada más que ¡eso termine!

¿POR QUÉ TIENE MIEDO?

Ya has intentado ponerte boca abajo, seducirlo con las salchichas más suculentas, hacerle una caricia, y nada parece servir: ¡está debajo de la cama, se asoma a ver si estás ahí! Lo peor, y que a menudo sólo pasa mientras son jóvenes, los perros son totalmente indiferentes a los ruidos y a medida que envejecen desarrollan un miedo irracional.

¿Asociación peligrosa entre un enorme miedo y un ruido seco percibidos al mismo tiempo? ¿Gran soledad en una tarde de fuegos artificiales, mientras ibas a admirar el espectáculo? ¿Percepción de electricidad estática al momento del estallido? ¿O probablemente tu perro sencillamente percibió tu inquietud en un día de tormenta, que conduce a tener miedo con cada nuevo estallido?

No sabemos, pero para atenuar este temor irracional que puede traer accidentes (¡cuántos perros enloquecidos el día de la independencia huyen de inmediato!), he aquí algunas técnicas simples que puedes aplicar.

¿QUÉ HACER?

La única solución para liberar a tu perro de este miedo es dándole confianza en él mismo nuevamente, confrontándolo otra vez a su temor "aumentando las dosis" en forma progresiva. En términos técnicos, llamamos a esto una "desensibilización".

• **Identifica en primer lugar la distancia** a partir de la cual el problema no hace reaccionar a tu perro. También puedes hacer un registro de los ruidos que le dan miedo y poner a funcionar la grabadora para notar a qué intensidad reacciona tu perro.

• **Atrae entonces su atención hacia una cosa** que le encante: un juego de pelota o una secuencia de agilidad, por ejemplo. Si el perro juega y se olvida del ruido que le da miedo, puedes poco a poco disminuir la distancia o aumentar el sonido. Es un trabajo extenuante que requiere de observación y paciencia.

➤ La solución para liberar a tu perro de sus miedos es confrontarlo a los ruidos que lo atemorizan.

▲ Intenta comprender mejor cuáles son los ruidos que asustan a tu perro para poder ayudarlo y desensibilizarlo.

• **Llévalo a pasear junto con otro perro que no reaccione a esos estímulos,** lo que le ayudará a olvidar su miedo. Sobre todo si juegan juntos. Al calmarse por el comportamiento de su congénere y concentrarse en el juego, olvidará su miedo.

• **Si tu perro se aterroriza, de ninguna manera lo castigues** ni intentes tranquilizarlo con palabras dulces o cariños. ¡Lo único que lograrás será reafirmar su miedo!

Cuidado, debes progresar al ritmo de tu perro y cada etapa verificar que controle su miedo. Si se aterroriza, habrás empeorado las cosas. Perderás el beneficio de los progresos obtenidos hasta ese momento, ya que tu perro corre el riesgo de estancarse definitivamente.

➤ ¡"Consolarlo" podría inquietarlo!

Ejemplo de desensibilización

Si tu perro tiene miedo a los truenos, antes de que el estruendo se escuche, sal con él y lánzale una pelota, por ejemplo, y de ser necesario amárralo si temes que escape. También puedes comenzar dentro de la casa y salir poco a poco. Luego lánzale la pelota y después incítalo a alejarse de ti cada vez más. Cerciórate siempre de que no tenga tiempo de ponerle atención al ruido. El único inconveniente del método: cuando el estallido se acerque, podría saltar sobre la cama, pero esta vez con el juguete en el hocico para invitarte a jugar.

> *Respeta su miedo siempre, aunque te parezca absurdo porque para él es muy real. La regla de oro es nunca forzar al animal, más bien hay que demostrarle con dulzura que su temor es infundado.*

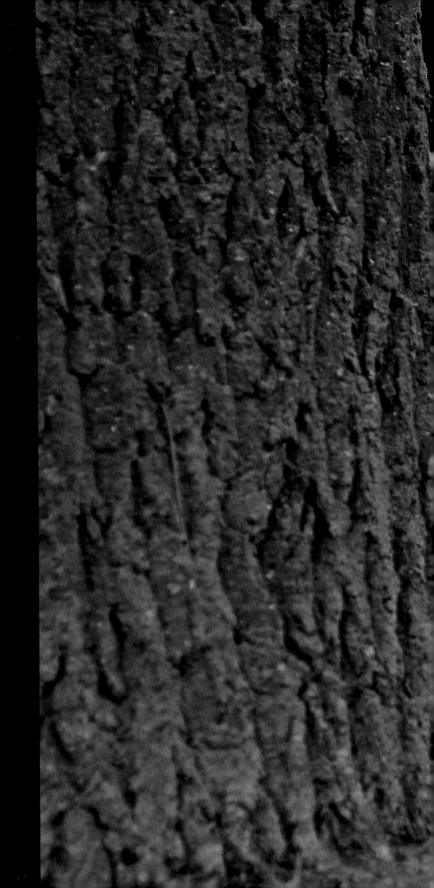

ESTAR SOLO

Mi perro odia

6

¿Por qué no soporta
LA SOLEDAD?

Aullidos que alteran los nervios de los vecinos, diversos destrozos, pipí y popó por toda la casa... ¿Ya te diste cuenta? Tu perro no soporta la soledad y se ocupa de hacértelo saber a ti... y a todo el vecindario.

EL PERRO NO ESTÁ HECHO PARA ESTAR SOLO DEMASIADO TIEMPO

Si trabajas 8 horas al día y tu perro se da vuelo en casa, no podríamos estar hablando de un problema de comportamiento. El perro es un animal social y sociable para el cual quedarse solo por tantas horas continuas es inconcebible. Si se queda solo por mucho tiempo, no se podría hablar propiamente de una solución.

La única opción realista es reubicar a tu perro en un entorno mejor adaptado o darle un compañero, ya que dos perros se aburren menos que uno solo. Y si verdaderamente insistes en tener un animal en casa... adopta un gato o contrata a una persona que pasee a tu perro en el día.

¿Y SI NO?

• **Él no aprendió a quedarse solo** mientras fue pequeño. Esto parece muy simple, pero la soledad es cuestión de aprendizaje. A menudo, adoptamos un cachorro mientras toda la familia se encuentra de vacaciones y puede ocuparse de él, ¡y de pronto todo el mundo se va al trabajo y a la escuela y él se queda solo!

➤ El aburrimiento, la vejez o un carácter temeroso son a veces factores determinantes que conducen a tu perro a no soportar

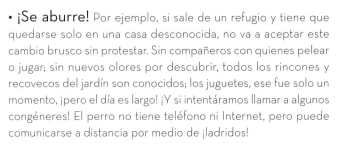

• **¡Se aburre!** Por ejemplo, si sale de un refugio y tiene que quedarse solo en una casa desconocida, no va a aceptar este cambio brusco sin protestar. Sin compañeros con quienes pelear o jugar; sin nuevos olores por descubrir, todos los rincones y recovecos del jardín son conocidos; los juguetes, ese fue solo un momento, ¡pero el día es largo! ¡Y si intentáramos llamar a algunos congéneres! El perro no tiene teléfono ni Internet, pero puede comunicarse a distancia por medio de ¡ladridos!

• **Ya está viejo** y pierde un poco la chaveta. En todo caso, quedarse solo es aún una cosa intolerable. Duerme más que antes, es verdad, pero cuando está despierto, busca mucho más el contacto humano. Comúnmente, se quedan sordos y es inquietante para él quedarse solo.

• **Es un verdadero bote de pegamento** con sus amos y verlos partir es insoportable. La presencia de otro perro, de otra persona, de un montón de juguetes no cambia nada.

• **Es temeroso** y quedarse solo le genera miedos dentro de su casa. Por lo tanto, hace ruido para tranquilizarse. Luego busca una manera de ocupar el espíritu: ¡el mordisqueo! Cuando se encuentra ocupado haciendo cerillos usando las patas de las sillas, no piensa en nada más. Y cuando ataca las almohadas de plumas, ¡nieva dentro de la casa por una semana!

El miedo al abandono

Acompañamos a las dos asociaciones que reubican perros abandonados. El miedo a la soledad es un problema frecuente en estos perros y cuando se dan cuenta de que han sido adoptados "para bien", tienden a pegarse a su nuevo dueño por temor a ser nuevamente abandonados.
Este comportamiento se detona por lo general después del primer mes de la adopción.

Esta crisis pasajera se resuelve perfectamente bien en 99% de los casos si ponemos en práctica algunos consejos simples mencionados en la siguiente página doble.

más estar solo.

¿Cómo acostumbrarlo
A QUEDARSE SOLO?

El juego verdaderamente enciende la candela, cuando vemos los destrozos y sonoras molestias que pueden ocasionar los perros abandonados (¡según ellos!) a su triste suerte...

▲ Reflexiona acerca de las soluciones que le permitirán a tu perro ocuparse en tu ausencia.

EL PRINCIPIO

Toda la astucia radica ahí: hacer que el perro tome conciencia de que estar solo no es del todo tan grave. Efectivamente, muy a menudo y sin saberlo, empeoramos las cosas al tratar de consolarlos antes de nuestra partida. Esta táctica, lejos de tranquilizar al perro, lo aterroriza aún más. ¿Qué de malo sucederá como para que adoptes ese tono de aflicción antes de dejarlo solo?

Es necesario saber que, cuando ponemos en práctica estrategias para ayudar a un perro a soportar nuestras ausencias, éstas deberán ser aplicadas de por vida a menos que queramos ver resurgir el comportamiento indeseable. Al haber acompañado a numerosos adoptantes de perros de refugio y haber adoptado nosotras mismas, sabemos que este enfoque funciona bien, con la condición de nunca relajar nuestra vigilancia.

Otro punto importante: toda la familia deberá adoptar el mismo comportamiento si se desea un buen resultado. De otra forma, el mejoramiento será parcial o inexistente. Lo que resulta interesante en este enfoque es que éste permite resolver el problema independientemente de su origen.

DIFERENTES SOLUCIONES PARA COMBINAR

• **Opta por un alimentador automático** u otro accesorio que funcione de la misma manera si es que tu perro se aburre a morir y permanece solo todo el día. El principio: el alimentador contiene juguetes rellenos de alimento. Se coloca en alto y periódicamente el alimentador libera un nuevo y muy apetecible juguete. Suficiente para mantener a un perro entretenido por un buen rato. ¡Cuidado de no duplicar las porciones porque podrías encontrarte con un perro obeso!

▲ Es inútil prevenirlo o consolarlo antes de que salgas: aumentarás su estrés.

> ➤ ¡Simula falsas salidas para que tu perro se habitúe a estar solo!

• **Ubica los rituales** que has establecido cuando te vas. Efectivamente, siempre hacemos las mismas cosas al partir: ponerse los zapatos, ponerse el abrigo, tomar las llaves, etc. Tu perro sigue con atención estos rituales y reacciona en consecuencia. Con el fin de eliminar toda excitación al momento de las salidas, es necesario cambiar las señales. Si tienes el hábito de hacerlas en cierto orden tal como desayunar, bañarse, vestirse, ponerse los zapatos, ponerse el abrigo, tomar las llaves, mejor llévalas a cabo de esta otra forma: bañarse, vestirse, tomar las llaves, ponerse los zapatos, desayunar. El perro no sabrá cuándo reaccionar.

• **Simula falsas salidas.** Cuando sea fin de semana, prepárate como si fueras al trabajo. Una vez que te hayas vestido, arreglado y puesto los zapatos, en vez de irte, haz los quehaceres u otra cosa dentro de la casa.

Cuidado con el perfume: piénsalo, ya que tu perro vive en un mundo de olores y no ponértelo confundirá las señales de salida para él. Las llaves también son, a menudo, un elemento detonante: asegúralas a tu pantalón y permanece dentro de la casa. El perro se acostumbrará al ruido y no lo asociará más con tu salida.

• **Ignora a tu perro** antes de salir y al regresar. Ni una mirada, ni una palabra, ni una caricia. Así suprimes su interés en tu regreso y en consecuencia la espera asociada. Hazle cariños únicamente cuando halla dejado por completo de ladrar, de saltar alrededor de ti. De otra forma, reforzarás su angustia en vez de disminuirla.

Mantener la calma

A veces es difícil no explotar ante los destrozos ocasionados por tu perro.

Por lo tanto, es esencial mantener la calma para no agravar las cosas. Efectivamente, el perro se estresa cuando está solo: y si además, el regreso de su amo es sinónimo de vigorosas reprimendas (que no sirven de nada a menos que el perro sea sorprendido en el acto), el perro se encuentra sumergido en un sistema incomprensible para él, que no hace más que reforzar su angustia.

Si no soportas más a tu perro, no dudes en meterlo en una pensión por algunos días para darte tiempo de relajarte y retroceder.

III. Resuelve los 12 problemas más frecuentes

Mi perro se fuga: ¿POR QUÉ?

¿Qué es lo que impulsa a tu perro a irse, si en tu casa goza de refugio, techo y cariño? Es sencillo, afuera... ¡es más emocionante!

▲ Un perro se aburre si no tiene un compañero de juego, incluso si tiene un terreno inmenso.

A. SE ABURRE O NO SOPORTA LA SOLEDAD

Incluso en un terreno inmenso, si no pasa nada, los perros se aburren. Son animales sociables, ¿qué hacen solos 8 horas al día? Basta un hueco en la cerca, ¡y la aventura comienza! Y termina cuando "su" persona favorita llega a casa y él regresa muy contento de su paseo.

¡Se terminó la soledad!

B. PERTENECE A UNA RAZA PREDISPUESTA A LA FUGA

¿Te enamoraste de un perro nórdico, un labrador u otro perro de caza? Sin afán de generalizar, sí debemos señalar que está comprobado que estas razas suelen tener un don para la evasión. Se trata de razas dinámicas que aman explorar, o simplemente perros tan independientes que, en cuanto ven una pequeña rendija en la puerta, ¡zas! ¡Demasiado tarde! Es inútil correr tras el animal, pues ya está muy lejos a pesar de tus gritos de desesperación... de furia... de desesperanza. ¡Y luego a ver cómo lo encuentras!

C. ESTÁ OBSESIONADO POR "HACERLO"

Con su sofisticado detector de información ultrasensible (también conocido como "nariz"), tu amigo puede olfatear a una hembra en celo a una distancia de 12 km. ¡Y descubre que le gusta más que el perfume que traes puesto! Así que empieza a correr. Regresará en algunos días, orgulloso de sus logros, mal comido y lleno de cicatrices... en ocasiones, seguido de otro amo furioso que viene contra ti para vengar el honor de su perra.

¿Para cuándo los cachorros?

▲ Tu perro es inigualable cuando se trata de localizar hembras en celo a 12 km a la redonda.

▲ Se formó el hábito de hacer reinar el orden en la manzana y desaparece con frecuencia durante varias horas, para dar sus rondas.

D. LE GUSTA PERSEGUIR...
(¡MARCA LA RESPUESTA CORRECTA!)

☐ Autos ☐ Bicicletas ☐ Al cartero ☐ Otros

¡Bravo! Tienes un perro que conserva el instinto de la cacería y que hace muy bien su "trabajo": traer comida a casa (¿quieres un huevo mordisqueado para cenar?). Generalmente es muy eficaz: "¿Quién gana el duelo, quién es el amo del jardín?" ¡Pues tu perro! Que se atreva el siguiente intruso...

E. SE SIENTE EL AMO DE LA CASA

La casa le pertenece, así como la calle y la manzana entera. ¡Es la cabeza del barrio! Y para hacer reinar el orden, vale la pena dar rondas para inspeccionar la basura, espantar a los patanes que osan invadir SU territorio, levantar la pata por todas partes, etc. Sus peripecias duran unas cuantas horas y luego regresa a casa.

Si no regresa, búscalo en la perrera municipal, donde seguro estará esperándote muy indignado.

F. SE ASUSTA

¿Se asusta cuando hay ruido? Consulta las páginas 102-103 si tiene miedo de la lluvia, de los petardos, etcétera.

El perro de caza, ¿un escapista empedernido?

Si hay perros acostumbrados al aire libre, ¡son los perros de caza! Los spaniel, beagles o labradores se caracterizan por sus aptitudes al momento de tener descendencia, por traerte la perdiz o por señalarte dónde está, y todos sus talentos los demuestran al aire libre. Sin embargo, sería completamente falso afirmar que estas razas son "las campeonas" de la fuga: al igual que con los demás perros, su comportamiento es en gran medida el resultado de la educación que les damos.

¡OJO!

Observa bien el momento y la duración de las ausencias de tu amigo: así comprenderás mejor por qué se escapa.

Mi perro se fuga:
LAS SOLUCIONES

Éstas son algunas soluciones sencillas. Para saber cuáles puedes aprovechar, consulta la tabla de repaso.

1. CÁNSALO

¡Haz deporte! Bicicleta, correr, pasear, agilidad... todas las actividades son bienvenidas. Atención: ¡deben hacerlo casi diario para que esta técnica sea efectiva!
En cuanto a la duración, haz los ajustes necesarios en función del entrenamiento y la salud de tu perro (consulta al veterinario).

2. TRABAJA EN QUE VENGA AL LLAMARLO

Consulta la página 48 para enseñarle a obedecer cuando le des la orden "¡Ven!"

3. FELICÍTALO CUANDO REGRESE

Un perro no sabe que hizo algo mal si no lo atrapas en el acto. Si le gritas cuando regrese, ¡pensará que estás enojado porque regresó! Por lo tanto, en vez de regañarlo, dale un buen apapacho (¡sí, lo sabemos, resulta difícil cuando más bien tienes ganas de ahorcarlo!).

4. ASÚSTALO

Abre la puerta como si nada, ocúltate en la entrada y, en cuanto vaya a salir, pégale el susto de su vida con una corneta de las que llevas al estadio. ¡Gran conmoción para el vagabundo, que se meterá de nuevo a casa!

Si persigue autos y bicicletas, usa la misma técnica con un cómplice: el vehículo se detiene por completo y hace el mayor escándalo posible en dirección al perro.

5. COLOCA UNA VALLA ELÉCTRICA

Dos soluciones: el viejo y confiable cable o una valla con detector. Es un sistema muy costoso pero eficaz, sobre todo para los perros obsesionados con copular y que sólo se calman cuando los castran. Atención: si no combinas la valla eléctrica con otras soluciones para mantenerlo ocupado, corres el riesgo de que tu perro se desfogue causando otros problemas.

6. MANTENLO OCUPADO

Carnaza, juguetes huecos que puedes rellenar con alimento, croquetas escondidas por el jardín, si tu perro es de buen comer, ¡aprovéchalo y mantenlo ocupado mientras estás ausente!

7. ALIMÉNTALO POR LA MAÑANA

Un perro alimentado dormirá, excepto si se trata de una raza propensa al reflujo estomacal (consulta con tu veterinario).

8. CONSÍGUELE COMPAÑÍA

Un compañero del sexo opuesto (¡para evitar competencias y que esté esterilizado!) lo mantendrá ocupado y en casa. Contrario a lo que pudieras pensar, ¡dos perros suelen cometer menos barbaridades que uno solo!

¿CUÁLES SOLUCIONES PUEDES APROVECHAR MEJOR?

Esta tabla te permitirá probar las soluciones más convenientes para tu perro.

RAZÓN	SOLUCIÓN							
	1	2	3	4	5	6	7	8
A. Se aburre	•		•			•	•	•
B. Es por la raza	•	•	•	•	•	•	•	•
C. Obsesión por el sexo	•		•			•	•	
D. Va de cacería	•	•		•		•		
E. Se siente el amo		•		•		•		
F. Se asusta			•		•			•

7

8

Mi perro ladra todo el tiempo: ¿POR QUÉ?

¡Guau! ¡Guof! ¡Auuuh! Tus vecinos están "felices".
En cuanto se queda solo, o incluso cuando estás tú con él,
tu perro ladra y ladra y ladra.

▲ Grande o pequeño, un perro asustadizo puede manifestar su angustia con ladridos incesantes.

¡NO PUEDE SER!

Las quejas comienzan a acumularse en tu buzón y recibes llamadas furiosas. Aunque tu perro duerma poco afuera, es una catástrofe garantizada a media noche, cuando decide advertir a toda la manzana que el gato acaba de pasar y es el enemigo público número 1. De todos modos, aunque no se trate del gato, puede ser un pichón, el cartero, los hijos del vecino… ladra por todo.

Amas a tu perro, pero trabajas todo el día y ahora te enfrentas a una decisión complicada: dejarlo encerrado en casa 8 horas seguidas, o deshacerte de él porque la situación ya es insoportable. Para empezar, ¿por qué aúlla tanto con el primer pretexto que encuentra? Y sobre todo, ¿cómo logras que tu perro SE CALLE?

En este caso en particular, valdría la pena ir siguiendo las pistas para remontarnos al instante en el que comenzaron los ladridos, ya que con frecuencia, la solución está relacionada con la aparición del problema.

¿POR QUÉ LADRA?

• **Si es asustadizo** y vive en un pequeño jardín con mucha actividad alrededor de la casa, en especial si no tiene un refugio acogedor (una cochera donde esconderse, un rincón alejado de la alambrada), puede sentirse estresado y manifestarlo con ladridos innecesarios. Con frecuencia, este problema está relacionado con un mal conocimiento de su entorno, lo que provoca que el perro se estrese con cualquier cosa que no conoce: otras personas, ruido inusual, movimientos, etcétera.

• **Si el problema apareció de pronto,** quizá tu perro se espantó con algo un día en el que se quedó afuera solo: averigua qué hacen los hijos de tu vecino cuando pasan por la valla. Un palo que usen para jugar,

> Al ladrar, el perro se tranquiliza y disuade al posible agresor.

pero que un día por accidente aterrizó sobre tu perro y lo lastimó, una persona mal intencionada que le gritó al pasar cerca de la valla, la sirena de los bomberos que lo asustó cuando pasaban por la calle, etc., todo es posible.

Un perro que ladra generalmente lo hace para reconfortarse: al hacer ruido, busca asustar a los demás y liberar su estrés al tiempo que pone a tus vecinos con los nervios de punta (y a ti también, porque las quejas siguen llegando).

• **Tú se lo enseñaste...** Comprendió que al ladrar llama tu atención, porque saliste a ordenarle categóricamente que se callara. ¿Pensaste que lo habías asustado? Él pensó: "¡Qué bien, compañía!". Por más que hayas intentado asustarlo corriendo tras él, es demasiado tarde: él ya asoció "Yo ladro..." con "...él viene a divertirse conmigo".

> ¡Ladrar también es un medio para llamar tu atención y jugar!

Algunos indicios para comprenderlo

Con frecuencia, la fecha en la que aparecen los ladridos te indicará cuál es el problema.
• Si el problema apareció de pronto, es muy probable que exista una causa externa.
• Si apareció de manera progresiva, tu perro aprendió a ladrar para llamar tu atención y/o porque se siente aburrido.

De la misma forma, el tipo de ladrido te ayudará a saber la razón.
• Si viene una ráfaga de ladridos nerviosos y luego se calla, tu animal está estresado.
• Si son más lentos, en una secuencia casi regular o continua: está aburrido y está matando el tiempo.

Mi perro ladra todo el tiempo: ¿QUÉ HAGO?

Ahora que tienes una idea de la razón por la que tu perro ha provocado que toda la manzana te odie debido a sus ladridos intempestivos, es momento de buscar un remedio. Estas soluciones pueden ayudarte.

CINCO SOLUCIONES PARA QUE YA NO LADRE

1 Si ladra para llamar tu atención, dale la espalda e ignóralo por completo, ¡como si no existiera! Espera hasta que se calme y, cuando esto suceda, recompensa su silencio con tu atención. En especial, cuando tu perro ladre, no le ordenes que se calle: podría interpretar que estás haciendo ruido junto con él ("¡Genial, estamos jugando!"). Cuanto más le grites, más va a ladrar.

2 Sal de paseo con tu perro, para que tenga la oportunidad de ladrar todo lo que quiera. Juega con él, dedícale al menos una media hora al día. Diviértanse juntos en el jardín y no sólo de paseo. Ensaya 10 minutos de adiestramiento: si lo haces bien, le gustará también a él y además pondrás a trabajar sus neuronas y esto lo agotará.

3 Hablando de adiestramiento, puedes enseñar a tu perro a que deje de ladrar cuando se lo ordenes. Quizá piensas que esto es imposible, pero SÍ puedes lograrlo, a tal punto que no pueda ladrar si no se lo ordenas. Éste es el método:

• Vigila a tu perro. En cuanto ladre, felicítalo y asocia una orden, como "Habla". Poco a poco, intenta provocar que ladre cuando le ordenes "Habla" y prémialo con un bocadillo si lo hace bien. Una vez que haya comprendido bien que debe ladrar cuando le ordenes "Habla", ¡has ganado!

1

2

3

• ¡Ahora, enséñale a callarse! Haz que ladre cuando se lo ordenes y en cuanto obedezca, acércale al hocico un pedazo de salchicha escondido en tu mano. Esto lo sorprenderá y dejará de ladrar para olisquear este nuevo bocadillo. En ese momento, dale una orden como "Cállate" y entrégale la salchicha. Cuando asocie la orden "Cállate" con la acción de guardar silencio, habrás triunfado. Este método funciona muy bien con los perros jóvenes si no te saltas las etapas. Es un poco más difícil con los perros adultos.

4 Tu perro tiene miedo: ladra siempre cuando escucha el mismo ruido o a la misma persona. Tiene un choque emocional asociado al ruido o a esa persona, y habrá que lograr que este reflejo desaparezca.

Poco a poco, acostumbra a tu perro a los estímulos que desatan sus ladridos relacionados con su miedo. Desvía su atención con un juego, órdenes como "Sentado" o asociando a la persona (si se trata de una persona) con alguna cosa positiva, como un paseo. Felicítalo siempre por guardar silencio, nunca por ladrar.

5 No castigues a tu perro cuando ladra. Un cachorro ladra porque es algo nuevo que está descubriendo y, al crecer, esto disminuye. Un perro ladra para prevenir, a modo de alarma, así que si lo castigas por ladrar, pasará directamente al ataque, ¡y así no cuidará en nada tu casa!

Collar eléctrico y otros aparatos antiladridos

¿Qué harías si te prohibieran hablar? En el caso extremo que debas utilizar este tipo de accesorio para no tener que deshacerte de tu perro, siempre ten en cuenta que debes estar presente para premiarle su silencio y dedicar un mínimo de tiempo para adiestrarlo en ello.

Ciertamente, los collares antiladridos (eléctricos, de toronjil o de ultrasonido) son eficaces, pero poco recomendables porque, en algunos casos, generan un nivel alto de estrés en el animal.

Nunca pierdas de vista que con este método sólo estás suprimiendo una manifestación de un malestar y que, si no atacas el problema de fondo, tu perro corre el riesgo de desarrollar rápidamente otros comportamientos negativos, como el provocarse laceraciones por lamerse demasiado.

4

5

Mi perro tiene un TOC

¿Qué significa TOC? Son las siglas para "trastorno obsesivo compulsivo". En concreto, este problema se manifiesta cuando el animal realiza la misma acción de manera repetitiva todos los días.

➤ Laceraciones por lamido o comportamientos repetitivos: todos los TOC son estrategias para "huir" de un entorno que el

¿POR QUÉ APARECEN LOS TOC?

Para comprenderlos, es necesario conocer perfectamente el mecanismo.

Cuando el animal sufre un nivel de estrés demasiado elevado, siente que su entorno es tan agresivo que, si no puede escapar de él, desarrolla los llamados "comportamientos concentrados en sí mismo", los cuales lo obligan a concentrar su atención sólo en sus sensaciones corporales. Estos comportamientos le ayudan a sustraerse de la información agresiva que recibe del exterior: correr alrededor de un árbol o una mesa, girar sobre sí mismo, lamerse hasta dejar la carne viva (lo que recibe el nombre de "laceración por lamido"), etc. Si lo detienes, sólo deja de actuar así por unos minutos, o incluso segundos, pero enseguida reaparece el comportamiento.

Para llegar a este punto, el perro tuvo que sentirse extremadamente estresado: no conocer el ambiente que lo rodea y sentirse aterrado por su entorno, vivir en condiciones asfixiantes (jaula de laboratorio, cadena demasiado corta) o con demasiados estímulos (como una familia con varios niños que no dejan en paz al animal ni un segundo). Todas estas razones pueden desencadenar un TOC.

Si notas un comportamiento semejante en tu animal, debes saber que, cuanto más pronto intervengas, mejores serán los resultados.

Es importante actuar en estos dos frentes: atender el origen del problema y readaptar al animal. No obstante, con frecuencia será necesario acudir a un especialista en conducta canina para diseñar una estrategia personalizada. También consulta con el veterinario a fin de verificar que el problema no tenga una causa biológica.

▲ Consulta al veterinario para validar el diagnóstico.

PRIMERAS PREGUNTAS POR PLANTEARTE

• ¿Cuándo comenzó el comportamiento? Investiga si el problema apareció de manera repentina. Pudo tratarse de la visita de tus amigos, un evento que marcó a tu perro aunque para ti haya sido algo ordinario. El TOC de tu perro pudo haber comenzado de manera progresiva o súbita.

perro considera agresivo.

• ¿Mi perro conoce bien su entorno? Es decir, ¿está bien adaptado al ambiente que lo rodea o no? ¿Se estresa ante la presencia de personas nuevas, o bien cuando se enfrenta a situaciones inusuales, o se adapta a ellas sin mayor problema? Una de las causas principales de la aparición de un TOC es que el perro no conoce bien su entorno.

• ¿Cómo es el temperamento de mi perro? Un perro nervioso, que además vive en un entorno familiar agitado, puede padecer la aparición de comportamientos repetitivos.

• ¿Tiene "mamitis", está ansioso si te pierde de vista y se estresa mucho cuando lo dejas solo? ¿Qué hace cuando se queda solo? Este tipo de perros tienden a provocarse laceraciones por lamido.

• ¿Pertenece a una raza propensa a desarrollar TOC? Entre las razas más comunes están el bull terrier, que tiende a dar vueltas sin parar, pastor alemán, doberman, gran pastor pirineo, que tienden a infligirse laceraciones por lamido.

¿Y si fueras tú?

Este comportamiento, que puede llegar a ser grave, también podría ser ocasionado por el comportamiento del amo. Un perro comediante y muy observador podría notar que un día realizó una acción de manera aleatoria y provocó una reacción eufórica en su amo, por tanto, la repetirá en el futuro para recibir, por ejemplo, una mayor atención. Se han observado perros "que dan vueltas" o que ladran sin cesar, que milagrosamente se detienen cuando el amo se marcha.

Por esta razón, escóndete y espía a tu perro para verificar si continúa mostrando el comportamiento durante tu ausencia.

◄ Ciertas razas de perros son más propensas a desarrollar TOC.

¿Cómo resolver el problema de los TOC?

Una vez que identificas el TOC, debes atacarlo por dos frentes: primero, resolver la causa del problema y segundo, atender directamente el TOC aplicando el descondicionamiento.

ATIENDE EL ORIGEN DEL PROBLEMA

• Si comenzó de manera repentina, cuando el perro asoció un evento en apariencia inocente, pero que lo marcó profundamente con una angustia terrible, será necesario que lo enfrentes a la situación que lo aterró para que la supere.

Para lograrlo, avanza lentamente. Por ejemplo, si los niños le arrojaban piedras desde la valla, pide a los hijos de tus amigos que pasen por ahí, primero a una gran distancia y después, que se acerquen poco a poco. Si tiene miedo de un ruido, haz que lo oiga desde lejos, y a continuación, que se acerque a la fuente muy despacio. Esto puede tomar días e incluso semanas.

• Si tu perro no conoce bien su entorno, será necesario que lo saques en forma gradual y lo confrontes con el ambiente que lo aterra, pero poco a poco.
• Si lo que lo angustia es el lugar donde vive, consíguele un refugio donde se sienta más seguro: un rincón bien aislado en una esquina del jardín, lejos de la calle, una canasta debajo de la mesa donde los niños tengan prohibido meterse, etc. Necesita un refugio que lo haga sentir seguro. Este mecanismo también sirve para un perro nervioso, que tendrá la necesidad de contar con un rincón donde se "desinfle" tranquilamente.
• Si tu perro es tan ansioso que se provoca laceraciones por lamido cuando no estás presente, déjale ac-

▲ Un perro que conoce su ambiente, juega y hace ejercicio tiene menos probabilidades de manifestar un TOC.

tividades que lo entretengan: un juguete hueco relleno de alimento, pelotas con croquetas, carnazas, etc. Si no come bien, dale un almuerzo más ligero para que sienta más apetito después. Cuando te vayas, no voltees a verlo ni le hables, y cuando regreses, ignóralo. Así transmites que tu ausencia es algo normal.

• En todos los casos, adopten un estilo de vida ordenado con horarios bien definidos y hagan ejercicio. La actividad física genera endorfinas que son hormonas antiestrés (necesarias para los perros más ansiosos) y obliga al perro nervioso a descargar la energía y canalizarla en una actividad positiva: agilidad, si tu perro la disfruta, o bien, trotar, andar en bicicleta, etcétera.

TRATAR EL TOC

Para comenzar, nunca sanciones este comportamiento. Gritarle a tu perro sólo empeora las cosas. Es indispensable que reacciones con calma y paciencia, poner las cosas en orden sólo toma un poco de tiempo.

En seguida, descondiciona el comportamiento. El descondicionamiento significa que, cada vez que tu perro muestre un comportamiento indeseable, vas a propiciar que adopte otro. Para que esto funcione, debes hacerlo perfectamente sincronizado.

Atención: no cometas el clásico error que consiste en que, llegado el momento, olvidas la otra orden y lo recompensas cuando detiene la acción. De esta manera, la practicará con más frecuencia para recibir la recompensa. En este caso, los ensayos pierden todo sentido. Debes premiar el comportamiento nuevo ("obedezco la orden") y no la interrupción del anterior. Necesitas paciencia, porque debes "cazar" sistemáticamente el inicio de la acción repetitiva. Sin embargo, esta técnica rinde sus frutos.

ESQUEMA DE DESCONDICIONAMIENTO

Etapa	Comportamiento del perro	Lo que debes hacer
1	El perro hace la acción	
2		Lo interrumpes y le das una orden para desviar su atención
3	Se detiene y obedece	
4		Le das una recompensa de inmediato

▲ **Etapas 1 y 2:** dale una orden para detener el TOC.

▲ **Etapa 3:** desvía su atención.

▲ **Etapa 4:** recompénsalo.

Mi perro se deprime

No lo habías notado, pensando que sólo se sentía un poco fatigado, pero tu perro duerme cada vez más, nada parece interesarle, pierde el apetito o come demasiado... está deprimido.

▲ Un compañero nuevo puede estresar a tu perro y causar que se deprima.

¿POR QUÉ SE DEPRIME?

La causa principal de depresión es un cambio drástico: la llegada de un bebé, de otro perro, incluso de otro animal, mudanza, divorcio. En resumen, se presentó algún elemento que desencadenó la depresión de tu perro. Una madre muy apegada a sus cachorros puede sufrir profundamente cuando la separas de ellos. Los perros son animales sensibles que pueden tener grandes dificultades para superar un cambio en su vida.

La depresión también puede ser consecuencia de una serie de incidentes menos notorios y reiterados. En algunas ocasiones, no se percibe el cambio. Puede ser la expresión de un dolor ligero, pero constante (en este caso, podrá ayudarte el veterinario), o la secuela de un entorno cotidiano estresante: niños que gritan en el jardín, otros perros que rondan la casa, ruidos repetitivos... todo esto es igualmente agresivo para él.

SEÑALES DE ALERTA

En todas las situaciones, un cambio de comportamiento en tu perro debe alertarte. De hecho, es más fácil resolver el problema cuando acaba de ocurrir que cuando ya pasó el tiempo y echó más raíces. Hacer que el animal se active cuando ya está hundido en una depresión profunda será más tardado y complicado que cuando apenas comienza a dar señales de alerta.

➤ Esto es lo que debe alertarte: un perro indiferente...

... un perro que no tiene ganas de pasear...

▲ Si tu perro reacciona menos ante tus órdenes, quizás esté deprimido.

Es posible que tu perro esté deprimido si:
• comienza a dormir más que de costumbre;
• tiene problemas para alimentarse o muestra alteraciones del apetito;
• reacciona menos a tus caricias, a tus órdenes o a las de tus hijos;
• se muestra menos ansioso por salir a pasear, o incluso se niega del todo;
• está más gruñón e irritable, cuando no suele ser así;
• parece sumergido en sus pensamientos incluso cuando tratas de llamar su atención;
• se muestra indiferente incluso ante cosas que le fascinaban en el pasado (cepillarlo, bocadillos, etc.).

¿QUÉ HAGO?

Primero, piensa sistemáticamente en llevar a tu perro con el veterinario, a fin de descartar toda posibilidad de que su depresión esté relacionada con su salud. Si compruebas que todo está bien y que no padece alguna patología que explique su comportamiento, puedes estar seguro de que tu amigo sufre de depresión.

En este caso, necesitas comenzar un viaje al pasado a fin de averiguar cuándo comenzó a deprimirse. Esta técnica te ayudará a encontrar pistas sobre la estrategia que debes seguir y prestar atención a detalles que no habías notado anteriormente y que podrían haber desatado el problema.

En la medida de lo posible, es importante que encuentres una solución para atacar el origen del problema al tiempo que pones en marcha la estrategia para sacar a tu perro de la depresión, de lo contrario, la situación podría autoalimentarse de manera indefinida.

¡No confundas deprimido con agotado!

• **La depresión** se relaciona con la regulación del cortisol, una hormona de la familia de la cortisona que provoca los mismos efectos: aumento de peso, disminución de la percepción del ambiente y fatiga. Esto se desencadena debido a un estrés constante.

• **El agotamiento** es una fatiga total, después de un periodo de actividad extrema. Los perros de concurso, de auxilio y de rastreo, sometidos a esfuerzos intensos y que con frecuencia dejan toda su energía en el campo, son propensos a mostrarse agotados. La producción de adrenalina se detiene y se quedan sin energía.

Si bien se manifiestan con comportamientos similares, la depresión y el agotamiento tienen causas diferentes.

DEPRESIÓN: 5 soluciones para este problema

Una vez que identificaste el problema, puedes poner en marcha toda clase de soluciones que, combinadas, te ayudarán poco a poco a sacar a tu perro de la depresión, devolviéndole las ganas de vivir.

1. PACIENCIA

Para comenzar, debes saber que necesitarás mucha paciencia y avanzar de manera progresiva: un perro deprimido no tiene ganas de moverse. Si intentas sacudirlo bruscamente, sólo amplificarás su soledad interna o agravarás su ensimismamiento.

2. DALE UN ENTORNO DE REFERENCIA

Permítele una vida estable y respeta su naturaleza canina. Así ayudarás a mejorar las cosas para un perro estresado. Una camita donde nunca nadie lo moleste en una esquina tranquila y alejada del ruido, horarios de comida fijos.

Evita darle órdenes con mucha frecuencia y protégelo de los niños muy insistentes; explícales que su amigo está enfermo y necesita tranquilidad. No fuerces a tu perro a permanecer en contacto con tus visitas si no lo desea.

Ofrécele salidas bien programadas que le sirvan como marco de referencia en su vida cotidiana. El objetivo no es encerrarlo en una rutina poco estimulante: en el caso de los paseos, debes respetar los horarios que programaste, pero sí puedes variar los lugares que visitan.

3. ESTÍMULOS CARIÑOSOS

Si en algún momento sientes la tentación de sacudirlo enérgicamente, ¡resiste! En cambio, puedes regalarle a tu perro estímulos más cariñosos.

Cepillarlo y acariciarlo son un buen medio para darle una sensación de bienestar físico al animal, al tiempo que le permites conectarse con sensaciones externas

agradables. No dudes en ponerle atención a tu perro con tanta frecuencia como te sea posible, en sesiones breves para no saturarlo.

Si tu perro es de buen comer, aprovecha este placer suyo para proponer juegos que lo distraigan: un juguete hueco relleno de alimento, una pelota con croquetas escondidas, trozos de queso escondidos por el jardín.

Algunos perros que sufren de soledad se recuperan cuando su amo los lleva en el auto a todas partes a donde va. Normalmente esperan tranquilos y seguros en el auto, y el desplazamiento les ayuda a salir del letargo habitual. Si tienes la posibilidad, inténtalo.

4. ACTÍVALO

Para complementar lo anterior, fomenta el ejercicio y ve aumentando poco a poco la duración y la intensidad. Empieza con paseos tranquilos; después, recorre una distancia más larga, llévalo a correr, impúlsalo a moverse más y más sin sobrepasar sus límites físicos.

5. JUEGA

Si notas que empieza a retomar su gusto por el juego, es una buena señal. Aprovecha la situación para invitarlo a divertirse juntos con la mayor frecuencia posible y propicia que no abandone el juego. Para ello, puedes lanzarle cosas que pueda comer o bien, puedes frotar un juguete duro con comida, para que le quede sabor, por ejemplo, a queso, pero que no pueda tragárselo y abandonar el juego.

Compañía

Los episodios de depresión pueden suscitarse más de una vez durante la vida del perro. Si es emotivo, puedes evitar los riesgos de una recaída si practicas buenos hábitos de forma cotidiana. Un excelente remedio puede ser conseguirle compañía si sufre de soledad, pero mantente alerta para que no recaigan ambos. Un perro del sexo opuesto puede ser de gran ayuda para facilitar las cosas.

3

5

Mi perro se ensucia
DENTRO DE LA CASA

Los problemas de "pipí-popó" suelen ser los que escuchan con más frecuencia los especialistas en conducta canina. Si tu perro hace sus necesidades dentro de la casa, ten la certeza de que se trata de una de las situaciones que más comparten los dueños de perros.

¿POR QUÉ LO HACE?

Distingamos las razones según la edad del perro.
• Quizás el cachorro aún debe aprender modales. El aprendizaje será diferente para un perro que vive en un departamento del que vive en una cabaña con jardín.
• El perro adulto puede hacer sus necesidades en el interior aun cuando ya debería haber aprendido. En este caso, existen muchos escenarios posibles.

▲ Si se trata de un cachorro, es probable que apenas esté aprendiendo modales.

▲ Existen numerosas razones por las que un perro adulto hace sus necesidades dentro de la casa.

PERROS ADULTOS

• Si el perro proviene de un refugio, pudo haber "aprendido" a hacer sus necesidades en suelo de hormigón, cosa que no hacía antes. Deberá aprender la diferencia.
• También podríamos vernos obligados a enseñarle de nuevo cuando el perro está acostumbrado a vivir en el exterior. Quizás aún no comprende la diferencia entre la vida en interiores y el jardín cuando sus nuevos dueños le permiten entrar en la casa. Aguantar la necesidad toda la noche puede resultar demasiado difícil para él: a fin de comportarse en el interior, es necesario que asimile que la casa es "una casa para perros gigante".
• Otro escenario: las marcas territoriales que los machos dejan por la casa (a veces también las hembras lo hacen, pero es muy raro). En esta situación, se trata de un comportamiento diferente del perro.
• El estrés o el miedo pueden hacer que el perro orine en la casa. En este caso, consulta el capítulo A mi perro no le gusta quedarse solo, páginas 104 a 109.
• En cuanto a los perros de edad más avanzada, los malos modales pueden ser consecuencia de alguna enfermedad o simplemente de la vejez.

SEIS ELEMENTOS QUE DEBES OBSERVAR

1 Heces blandas, incluso diarrea: señal de estrés.

2 Tu perro orina en el suelo, en las esquinas o en medio de la sala: también puede ser por estrés, especialmente si lo hace durante los primeros minutos en los que se queda solo.

3 Si es macho y orina en lugares de paso estratégicos o en soportes verticales (esquinas del sofá, las paredes, los ángulos de las puertas, etc.): está marcando su territorio. Podría estar compitiendo contigo o con algún otro animal presente.

En el caso de las hembras, esto se traduce en la marca de superficies que absorben bien el olor: tapetes, incluso colchas o debajo del sofá.

4 Ensucia detrás de la puerta que acabas de cerrar, ya sea para quedarse adentro o para aislarte: es una señal de miedo.

5 Marca cuando estás presente, aún peor, frente a tus ojos, mientras te sostiene la mirada: no hay duda, te está desafiando. Es tiempo de actuar. Consulta el capítulo Mi perro es agresivo, páginas 60 a 71, porque de seguro habrás observado otros comportamientos de ocupación de espacio: no se hace a un lado cuando caminas por la casa, gruñe si lo molestan, se rehúsa a bajar de la cama o del sofá o a salir de la habitación cuando se lo ordenas.

6 Orina al celebrar la llegada de una persona o de otro perro, o mientras hace un escándalo: está muy emocionado, nada grave.

➤ Un perro viejo o muy emocionado podría "hacerse pipí".

Un aprendizaje desafortunado

Con mucha frecuencia, un cachorro que creció dentro de una jaula de hormigón aprendió, para gran frustración de su amo, que la superficie adecuada para hacer sus necesidades es una superficie dura y lisa, en lugar de la hierba del jardín. Esto ocurre incluso cuando los criadores del cachorro lo dejaban cada vez menos dentro de la jaula, al estar conscientes de la importancia de prepararlo bien para su futura vida en el seno de una familia.

Por lo tanto, con relativa frecuencia vemos que algunos perros que salen al jardín regresan al interior para hacer sus necesidades en casa. Afortunadamente, con un poco de paciencia, todo vuelve a la normalidad.

Ensuciarse en la casa: ¿SEÑALES DE ALERTA?

Atención: todas las manifestaciones de hacer necesidades en casa son motivo suficiente para ir al veterinario, especialmente cuando comienzan un día sin explicación lógica.

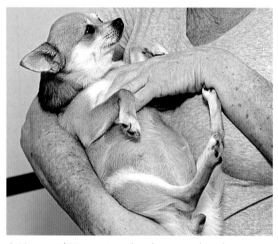

▲ No es nada grave si una hembra cargada se hace "pipí" en la casa.

▲ Si bebe mucha más agua que de costumbre, consulta de inmediato al veterinario.

PROBLEMAS PSICOLÓGICOS

Solemos pedir a los dueños que lleven al perro al veterinario siempre que nos consultan sobre las necesidades del animal dentro de la casa. Así también te aseguras de que los problemas provienen indudablemente de un trastorno conductual y no de una enfermedad.

• **Algunas enfermedades** pueden ocasionar problemas relacionados con estos modales, y sólo el veterinario puede detectarlas.

• **Una perra en celo o cargada** puede perder los modales al instante. Asimismo, la edad avanzada de tu amigo puede ser la causa de sus "accidentes" en casa, aunque también puede haber otras razones, principalmente psicológicas. Al igual que los adultos humanos mayores, los perros ancianos pueden sufrir

de un control deficiente de esfínteres y volverse incontinentes. También pueden "perder la brújula" cuando son muy viejitos y ya no distinguen el interior del exterior.

En todo caso, castigar a tu mascota no resolverá el problema, por el contrario: añadirás aún más estrés a su vida y podrías agravar el problema. Los especialistas en comportamiento atienden únicamente la parte "psicológica", pero es importante diferenciar las capacidades de cada animal y de no asociar obligatoriamente un síntoma a un problema de comportamiento: ciertas manifestaciones son reflejo de una enfermedad o de algún problema psicológico real.

Entonces, ¿cuáles son las señales que deben alertarte y llevarte al veterinario? Sea la que sea, no esperes más, ya que mientras más tardes en actuar, peor pueden ponerse las cosas.

▲ Si tu amigo solía ser limpio, trata de encontrar la razón psicológica por la que ahora hace sus necesidades en casa.

CUATRO COMPORTAMIENTOS O SEÑALES QUE INDICAN QUE EL PROBLEMA ES PSICOLÓGICO

1 Siempre tiene buenos modales y, sin razón aparente, orina con frecuencia en pequeñas cantidades por toda la casa.

2 Esterilizaste a tu perra y, después de eso, "le gana". Incluso dormida suelta unas cuantas gotas o un chorrito de orina.

3 Deja rastros por todos los lugares donde se acuesta. Empieza a volverse incontinente siendo que antes era muy limpio.

4 Bebe mucha más agua, y orina con mayor frecuencia. En general tiene un buen aspecto, hasta un poco regordete, y da la impresión de tener sed todo el tiempo.

➤ Nunca castigues a un perro que se orina.

Primero, un examen de salud

Todos los síntomas y enfermedades que se mencionan en este capítulo sólo sirven como pistas. Únicamente el veterinario está calificado para establecer un diagnóstico y administrar un tratamiento adecuado.

¡Atención!

Antes de llamar a un especialista en comportamiento, pide a tu veterinario que realice un examen de salud completo.

¿Cómo lograr que deje de HACER SUS NECESIDADES en la casa?

Listo, has descubierto claramente las manifestaciones de estrés, de marca de territorio o de falta de educación. Ahora tendrás que volver a educar a tu perro y hacerle entender, de forma cariñosa, ¡que las necesidades se hacen AFUERA! Ármate de paciencia, porque los primeros días prácticamente no podrás quitarle los ojos de encima.

▲ Primera solución que debes poner en marcha: reduce su espacio a tan sólo una habitación o una caja.

Si te quedas en casa con tu perro, también puedes utilizar una caja o una casa para perros cerrada, con la condición de que a tu perro le agrade y vaya a ella por su propia voluntad. De hecho, a los perros no les gusta dormir en el mismo lugar donde hicieron sus necesidades, así que, por lógica, tu amigo se aguantará hasta que salga.

Consigue una caja suficientemente grande para que el perro pueda permanecer y girar adentro, pero no demasiado grande, porque hará sus necesidades en una esquina. Enseguida, dale de comer y beber y en-ciérralo. Aproximadamente veinte minutos después de comer, comenzará a manifestar su necesidad de ir al baño. En este momento, sácalo y prémialo mientras orina y defeca afuera. Sé paciente, esto puede tomar tiempo.

REDUCE EL ESPACIO

Lo primero que debes hacer, que sirve para todos los problemas, es reducir el espacio de tu perro, por ejem-plo, en la cocina. Bloquea la puerta con una barrera para bebés y acondiciona el espacio para que se sienta cómodo y seguro. En una esquina, coloca una bandeja llena de tierra o gravilla (lo ideal es que la llenes con una muestra real del terreno de afuera) y recipientes de agua y alimento, si se trata de un cachorro. Cuando regreses a casa, retira la bandeja y sal con tu perro. Felicítalo si hace sus necesidades afuera.

UNA BUENA PLANIFICACIÓN

El segundo paso consiste en determinar una rutina: darle de comer, sacarlo a jugar y a que haga sus nece-sidades; regresarnos a casa, y que repose en alguna caja o en una habitación.

Posteriormente, deja que pase más tiempo entre cada salida, hasta que el animal aprenda a aguantarse lo suficiente como para permanecer solo en casa mien-tras tú te vas a trabajar. Pero cuidado, no le pidas imposibles: ¡un perro puede aguantarse hasta 8 horas, no más!

▲ Un programa bien definido: comemos...

▲ ... y después, salimos a hacer necesidades.

ADMINISTRA LA CANTIDAD DE LÍQUIDOS

Dale a beber agua con aroma a caldo de carne para que su vejiga esté bien llena. Enseguida, quédate cerca y vigílalo. En cuanto muestre señales de que evacuará, sácalo y felicítalo cariñosamente cuando haga sus necesidades en el exterior.

MANTÉN EL CONTROL

Nunca castigues a tu perro cuando regreses a casa y descubras "el accidente": si lo haces, sólo aumentarás el estrés que está viviendo y agravarás el problema. Llévalo al exterior o enciérralo en otra habitación y limpia con tranquilidad (¡sí, es complicado mantenerse en estado zen!), sin que te vea el perro. Si tu perro está dejando marcas territoriales, refuerza su educación para que retomes tu cargo como jefe de la casa. También puedes castrar a tu perro(a) si no corrige este mal hábito después de un tiempo, ya que esto significa que no habrá resultados.

Espacio restringido y seguridad

Al reducir el espacio haciendo que tu perro duerma en una caja para transportarlo o en una habitación pequeña, no le provocarás traumas, todo lo contrario.

De hecho, en la naturaleza, los perros duermen en una madriguera. La cercanía entre la madre y los hermanos y hermanas contribuye a que se sientan más seguros. Además, muy temprano por la mañana van al baño lejos de la madriguera para no atraer a otros depredadores con su olor.

Si haces que tu perro duerma en un espacio restringido, estarás reproduciendo este instinto natural. Enseñarle modales a un cachorro sin enojarte es el mejor método que puedes usar.

Mi perro es coprófago
(¡COME EXCREMENTO!)

¿Por qué los perros se dan estos gustos tan repugnantes?
Lo ves llevarse sus propias heces, incluso las de tu gato, y disfrutarlas
en un rincón tranquilo (en el jardín o, peor aún, ¡en tu alfombra!)

MIENTRAS SEA POPÓ, NO IMPORTA DE QUIÉN SEA

Los perros son capaces de ingerir diversos tipos de excrementos, aunque algunos les llaman más la atención que otros. Entre los principales tres, podemos mencionar las heces de caballo, las de gato y las suyas propias. Existen varias razones para este comportamiento que a los humanos nos parece repulsivo.

1. ESTÁS ENTRANDO EN UNA COMPETENCIA CON ÉL

Un cachorro suele comerse sus heces porque en ellas encuentra elementos nutritivos o porque los alimentos que ingiere son tan ricos y apetitosos, que todavía conservan su olor cuando los acaba de desechar.

Por más que hayas recogido sus "regalitos" delante de él, en la siguiente oportunidad, se apresurará para hacerlos desaparecer antes de que puedas darte cuenta. Después de todo, ¡son SUS heces y él tiene el derecho prioritario de probarlas! Y a ver cómo le explicas a tu perrito que tu interés no es culinario, como el suyo, sino que quisieras que tuviera piedad de tu alfombra...

En este caso, la coprofagia generalmente se calma sola algunas semanas después de que te lleves a tu cachorro a casa, ya que sin la competencia de sus hermanos y hermanas, deja de sentir la necesidad de hacer desaparecer su olor.

2. TIENE MIEDO

Al ingerir sus desechos, busca desvanecer todo rastro de su paso por el lugar. Esto puede deberse a que es

➤ Sin la competencia de sus hermanos, la coprofagia desaparece sola.

uno de los cachorros más débiles de la manada, o a que intentaste educarlo con una buena bocanada de sus olores acercándole el hocico "al regalito" (y en este caso, tú eres el responsable).

Tendrás que hacer entender a tu perro, con un trato cariñoso, que no es una técnica correcta y para esto, puedes consultar las siguientes páginas.

3. ES UN COMPORTAMIENTO INSTINTIVO, HEREDADO DE SUS ANCESTROS

Los perros tienen dificultades para digerir los vegetales, o no los digieren en absoluto. Al ingerir heces de animales herbívoros, los perros consumen las fibras predigeridas y de esta manera, obtienen vitaminas y otros nutrientes que no podrían asimilar de otro modo.

De forma similar, cuando una hembra alimenta a sus pequeños, al principio regurgita los alimentos por la misma razón: al estar predigeridos, los cachorros pueden asimilarlos mejor y también pueden absorberlos mejor con sus pequeños dientes.

4. ES PRÁCTICO

Otra razón secundaria es que los caninos no saben usar bolsas de plástico, así que la barriga es el lugar más práctico para transportar cosas...

¿Sabías que...?

¿Cuál es la parte que los carnívoros comen de su presa en primer lugar? ¿Las zonas carnosas más apetitosas, como los muslos y los músculos? ¡FALSO! La parte que todos los carnívoros devoran son las vísceras y los alimentos predigeridos.

Las perras se comen los excrementos de los cachorros hasta que cumplen 3 o 4 semanas de edad. Primero, porque no pueden defecar solos y segundo, porque así evitan que los huelan otros depredadores.

¿Cómo resolver un problema de COPROFAGIA?

Para ti es absolutamente repugnante que tu perro coma sus excrementos. Y además, ¡luego viene y te lame la cara! Necesitas ponerle fin a esto. ¿Qué puedes hacer?

1. ESPERA, PERO VIGÍLALO

En ocasiones, el problema se resuelve solo. Sé paciente...

Entre los cachorros, la coprofagia es una práctica normal hasta que cumplen 3 o 4 meses de edad. No te asustes. Si después de este tiempo el problema continúa, llévalo con el veterinario para que le hagan un examen médico.

2. NO LO CASTIGUES

El hecho de castigar a un cachorro o a un perro porque hizo sus necesidades en casa durante tu ausencia es un error que, con frecuencia, deriva en un problema de coprofagia. El perro no asociará "Hice mis necesidades adentro de la casa" con la ira de su amo, sino que, desafortunadamente, relacionará la presencia de las heces con la ira, así hará lo posible por eliminar el

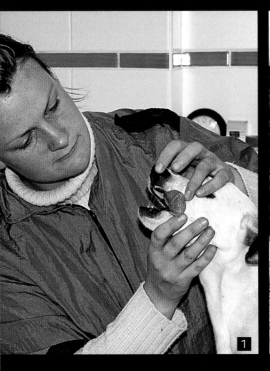

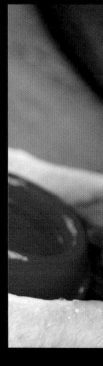

motivo de enojo. Entonces, si llegas a casa y encuentras los desechos de tu perro, no digas nada, saca a tu mascota y recoge las heces sin que te vea.

que estás compitiendo con él para almacenar sus heces y comerlas más tarde, lo cual lo motivará a hacerlas desaparecer antes de que las veas.

3. UNA NUEVA DIETA

Reemplaza el alimento de tu perro con uno que diga "hiperdigestible". Para modificar sus platillos, sustituye una parte del alimento anterior con un poco del nuevo y ve aumentando la dosis lentamente durante un periodo de 1 a 2 semanas. Este cambio de alimento ayuda a modificar la consistencia y el gusto por las heces. Ahora son menos apetitosas...

4. EVITA LEVANTAR LAS HECES FRENTE A TU PERRO

Esto no hará sino empeorar la situación. Por una parte, el cachorro puede interpretar tu posición en cuclillas como que lo estás llamando a jugar. ¿A qué estamos jugando? ¡A ver quién levanta los desechos más rápido! Por otra parte, si te ve recogiendo las heces, esto puede reafirmar el comportamiento y hacerle creer

5. MANTENLO BAJO CONTROL

Saca a pasear a tu perro con la mayor frecuencia posible, pero siempre con una correa para que puedas intervenir rápido y desviarlo de sus heces. De antemano, trabaja en su educación con el método "¡Deja!" que se explica en la página 51, Las órdenes sencillas. Cuando el perro se aproxime a la "golosina", párate en su camino, ordénale "Deja" y si te obedece, recompénsalo con un "antojo" mucho más apetitoso, como un pedazo de salchicha o queso.

6. BOMBA REPULSIVA

Última solución para causas perdidas: ponle una trampa e impregna las heces con chile, mostaza o pimienta... No le causará ninguna gracia, pero bueno, ¡así es la guerra! ¡Sólo piensa en los besitos que iba a darte después!

Mi perro come
DE LA BASURA

No puedes dejarlo solo en casa porque la basura y él viven un romance desastroso... En cuanto le das la espalda, sale a explorar el universo en busca de las deliciosas sorpresas que le esperan con tan sólo tirar la basura por todas partes.

EL PERRO Y LO PROHIBIDO

Ya lo has intentado todo: bloquear las tapas, regañarlo airadamente cuando lo sorprendes en plena acción. Incluso has volteado la casa de cabeza para no volver a dejar solo a tu perro con la basura en la misma habitación al mismo tiempo sin vigilancia... pero aún no encuentras LA solución. Y claro, después eres tú el afortunado que debe recolectar los papeles masticados, latas de alimentos bien lamidas y una variedad de cosas sin interés que simplemente dejó a un lado. Además del desastre, esto también es peligroso para tu perro, ya que muchos de estos "alimentos" no están hechos para su organismo, tales como el chocolate. Por ejemplo, el chocolate contiene una molécula de la familia de los alcaloides, la teobromina, que es tóxica para la mayoría de los animales. ¡Sólo 100 g de chocolate negro pueden matar a un perro pequeño (como el poodle) y 200 g pueden acabar con uno más grande, como un labrador!

Debes enterarte de que, para un perro, incluso cuando realmente comprende que tiene prohibido acercarse a la basura mientras tú estás por los alrededores, esta prohibición pierde su validez cuando te ausentas. Como dice el dicho: "Cuando el gato no está, bailan los ratones"...

Esto mismo sucede con cualquier otra regla, como subirse a los tapetes o entrar a las habitaciones que normalmente le prohíbes. Esto no tiene nada de extraño: no es que tu mascota sea terca u obstinada, sino que

aplica esta misma regla de vida en su comunidad: cuando no hay comunidad, la regla ya no tiene efectos. Es perfectamente normal para él hacer todo lo que normalmente le prohíbes cuando tú no estás, es por eso que no comprenderá por qué te enojas cuando regresas. Según su apreciación, no ha hecho nada que sea malo.

Si te lanza esa mirada piadosa, no es porque "comprendió que hizo algo prohibido", como casi siempre pensamos, sino porque tu actitud le indica que estás enfadado. ¿Por qué? Él simplemente no lo sabe...

> Solución 2: coloca una serie de tiras de cinta adhesiva sob

> ➤ Solución 1: espolvorea en la basura algo repulsivo.

TRES SOLUCIONES QUE FUNCIONAN DURANTE TU AUSENCIA

1 Espolvorea la tapa o la parte superior de la bolsa de basura con pimienta, o rocía un aerosol con un aroma repulsivo pero no tóxico. Esto lo desalentará.

2 Coloca una serie de tiras de cinta adhesiva o cinta canela (como la que usas para cerrar cajas durante la mudanza) de manera que cubra la basura, dejando la cara pegajosa expuesta. Para que no se te peguen los dedos cuando prepares la trampa, dobla los extremos de cada tira uno o dos centímetros.

Como de costumbre, tu perro meterá el hocico en la basura, pero esta vez se encontrará frente a frente con una trampa pegajosa. Todo el tiempo que pase tratando de deshacerse de la "sorpresa" adherente lo desanimará de volver a husmear en este lugar tan desagradable.

DOS REGLAS DE ORO PARA TENER ÉXITO

Para evitar que este comportamiento indeseable se repita durante tu ausencia, sigue estas dos reglas:
• el animal debe castigarse solo;
• debe toparse con más inconvenientes que ventajas con este comportamiento que para nosotros es inaceptable.

3 Para los perros más empecinados, puedes colocar, encima de la basura, una o varias trampas para ratón modificadas de manera que no lo lastimen y sólo le pellizquen un poco la nariz (por ejemplo, puedes distender el resorte antes de colocarlas).

la basura, con la cara adherente expuesta. ¡Tu perro se sentirá atrapado!

Mi perro muerde TODO

¿Tu perro ya se comió las patas de la silla y de la mesa? ¿Acabó con tus zapatos sin el más mínimo remordimiento? Por no decir que se abalanzó sobre cosas aún más valiosas, como un billete de alta denominación...

¿POR QUÉ MORDISQUEA TODO?

Para empezar, debes saber que tienen una edad en la que empiezan a salir los dientes permanentes, y durante esa etapa, los cachorros tienden a mordisquear todo, al igual que nuestros niños. En este caso no se trata de un problema de comportamiento, sino de un método para aliviar el dolor. Esto terminará algunos meses más tarde, sólo debes mantenerte alerta y ocultar tus pertenencias más sensibles.

De esta manera, evitarás vivir la situación de este desafortunado dueño, que escuchamos en la caja de un banco:

—Quisiera cambiar este billete de 100 euros.

—Claro, señor, ¿por qué?

—Porque mi perro lo mordió.

—¿A ver...? ¡Uy! Disculpe, pero no podremos cambiarlo, señor, ya que falta más de la mitad del billete, no se ve la denominación. ¿Tiene usted la otra mitad que falta?

—Este... ¡es que está DENTRO de mi perro!

—¡...!

▲▼ Los cachorros alivian el dolor por los dientes nuevos. En los adultos, es señal de ansiedad o estrés.

• **Para un cachorro, morder es normal:** así explora, "prueba" su entorno y aprende a diferenciar los objetos que lo rodean gracias a las diferentes texturas. Pero este comportamiento debe terminar cuando crezca, de lo contrario, puede pensar que está bien morderte el brazo con sus dientes de adulto. De cualquier forma, pon atención: si un cachorro mordisquea demasiado, quizá fue separado de su madre demasiado pronto y no aprendió a controlarse.

• **Un perro adulto que mordisquea suele ser un animal ansioso o estresado.** Si se prensa de los muebles o a cualquier otra cosa en la casa, consulta el capítulo A mi perro no le gusta quedarse solo, en las páginas 104-109.

CUATRO SOLUCIONES PARA QUE PIERDA ESTE MAL HÁBITO

1 Deja de acariciarlo en cuanto te muerda las manos. El cachorro debe comprender que mordisquear cualquier cosa acarrea consecuencias.

2 Mientras juegan, exclama "¡Ay!" con voz fuerte en cuanto te muerda. Si lo hace de nuevo, vuelve a gritar "¡Ay!" y entonces sal de la habitación o ignóralo por unos momentos. Enseguida, regresa con él, pero continúa con la maniobra tantas veces como sea necesario, hasta que comprenda que debe abandonar todo intento de morderte por completo.

3 Evita levantar los brazos cuando un perro te mordisquee las manos. Desde su punto de vista, las manos que se mueven mucho son aún más interesantes y pueden incitarlo a brincarte encima.

4 Dale juguetes para cachorro o adulto que pueda morder (procura que sean sólidos para que no los destruya al primer intento). Evita ofrecerle calcetines o pantuflas viejas, ya que corres el riesgo de que no distinga entre su juguete para morder y tus pares nuevos que acabas de comprar.

A veces, los mordiscos son reflejo de algún otro problema

¿Cuál es el origen de un mordisqueo constante? ¿El estrés? ¿Aburrimiento?
Para saberlo, es útil que te preguntes una serie de cosas: ¿cuántas horas al día dejas solo a tu perro? ¿Pertenece a una raza nerviosa? ¿Su naturaleza es asustadiza o ansiosa? ¿Cuál es el entorno que lo rodea? Es importante que respondas estas preguntas: canalizar los mordiscos está bien, pero es aún mejor que resuelvas el problema de fondo.

Mi perro reclama
ATENCIÓN

Tal como afirman todos los que te rodean, tu perro es un pequeño príncipe. Le toleras todo lo que hace, e incluso tu pareja dice burlona que si lo "traes de chaperón".

▲ ¡Este perro ocupa todo el lugar de la familia!

UN CÍRCULO VICIOSO

¿Estás hablando por teléfono? Él se pone a ladrar. ¿Platicas con tu vecino? Él te araña el pantalón y el regazo hasta que lo cargas. ¿Te vas a acostar? Llora en la puerta de tu habitación (no, perdón, si eres soltero, ¡existe una gran probabilidad de que ya esté dormido en tu cama!). Hasta ahí, todo marcha "bien" y la situación es soportable.

Pero un día todo empieza a caerse a pedazos porque encuentras un empleo y dejas a tu perro solo todo el día, tienes un bebé o encuentras al amor de tu vida...

Entonces la situación resulta diabólica. Tu perro no comprende por qué esta falta de atención y transforma tu vida en un infierno. Es momento de reafirmar algunas verdades que te ayudarán a sobrellevar el cambio.

¿CÓMO ESTÁ VIVIENDO LAS COSAS TU PERRO?

Probablemente de forma mucho menos positiva de lo que hubieras imaginado. Para empezar, si busca llamar tu atención de manera incansable significa que no es independiente. Tú eres el centro de su vida, lo cual te parece gratificante a corto plazo, pero para él es abrumador. En lugar de vivir su vida de perro, pasa todo el tiempo observándote para asegurarse de que es el centro de toda tu atención.

▲ Si está obsesionado con llamar tu atención, no puede vivir su vida de perro.

Consume toda la energía que tiene porque, incluso en sus periodos de sueño, despierta para seguirte de una habitación a otra, se levanta sobresaltado porque sonó el teléfono o porque surgió alguna otra cosa impostergable en la que se siente obligado a participar con todas sus fuerzas.

En estos casos, la mayoría de nosotros nos resistimos al principio, pero finalmente cedemos. Este mismo mecanismo es el que lo estimula a insistir por horas y horas: sabe que al final obtendrá lo que quiere... ¡pero cuánta energía está usando esta vez!

▲ Si tu perro todavía no aprende buenos modales, ¡quizá tus amigos dejen de invitarte y visitarte!

¿Y QUÉ HAY DE TI?

Finalmente, desde el punto de vista de los humanos, este comportamiento de tu perro también tiene sus consecuencias en tu vida social: tus amigos ya no te visitan porque el perro se sienta a la mesa con ellos, les salta encima, les ladra o manifiesta su presencia con insistencia. Tu vida amorosa también podría padecer, ya que hasta la persona más amorosa y comprensiva puede cansarse de sentir que está después del perro... Y un día, incluso podrías sentir odio hacia a tu perro y culparlo por todo lo anterior.

De igual modo, haciendo a un lado las contrariedades de la vida cotidiana, nadie está exento de sufrir un día los problemas de la existencia (enfermedad, accidente), durante los cuales sea imposible dedicar el mismo nivel de atención a nuestra mascota. En este último escenario, el perro puede destrozar rápidamente los nervios del amo, al exigirle la atención que simplemente no puede darle.

La ventaja de los límites

Los estudios han demostrado que, en los grupos de animales (y de humanos), los individuos más estresados son aquellos que no tienen una función bien definida. Dale a tu perro un lugar justo en la vida, con límites bien claros. Puede parecer duro al inicio, pero rápidamente notarás que vive una vida mejor y que reduce en gran medida su nivel de estrés.

El hecho de controlar sus caprichos le ayudará a volverse más independiente; así, dejará de centrar toda su existencia en torno a su amo y comenzará a vivir para sí mismo.

> No olvides que, si un día debes dejar a tu perro encargado con alguien, tu mascota lo vivirá mejor si ya estableciste antes un marco coherente.

Mi perro reclama atención:
¿QUÉ HACER?

Está decidido: debes retomar el control. No hace falta decirte que la lucha será larga y complicada. Prepárate para una guerra de nervios en la que necesitarás mucha paciencia.

¿POR QUÉ ES TAN DIFÍCIL?

Porque tu perro aprendió a insistir hasta el cansancio y porque uno de los principios básicos es justamente no reaccionar ante su insistencia. Y para no reaccionar, necesitas resistir más tiempo que él... Así que necesitas cantidades infinitas de paciencia.

Para tu consuelo, una vez que hayas superado la primera etapa, es decir, cuando tu mascota comience a entender que algo cambió entre ustedes, la mejora será más rápida. Los primeros días son los más duros. Si viven en familia, es necesario que actúen por unanimidad, ya que todos deberán mostrar la misma conducta hacia el perro, so pena de verlo insistir con el miembro de la casa que ceda ante sus súplicas.

Ya que dieron el primer paso, tendrán la satisfacción de ver cómo mejoran las cosas.

¿CÓMO ACTUAR?

1 Para comenzar, como ya mencionamos, resiste a sus caprichos, es decir, ignóralo y no cedas por ningún motivo. ¡NINGUNO!

2 Al mismo tiempo, redefine la jerarquía: no te pedimos que lo prives de todo contacto y de toda caricia, pero sí que seas tú quien decide cuándo y por cuánto tiempo. Si te pide más, levántate, ignóralo y sal de la habitación.

3 Enseguida, bríndale un marco de hábitos firmes y reafirmantes: paseos y comidas a horas fijas.

4 Elige un lugar para que todos los días duerma ahí, un lugar desde el cual no pueda vigilar toda la casa y

▲ Tu perro nunca se sentirá mejor si se establecen todas las reglas sólo para una buena noche: ¿más caprichos? ¡Posiblemente!

de preferencia, ¡que no sea tu habitación! Selecciona un tapete para él, uno solo, pero que sea verdaderamente suyo y que no coloques en uno y otro lugar impersonal (como en las esquinas del sofá, el tapete de la cocina, etc.). Cuando lo esté usando, no lo molestes, ni siquiera para acariciarlo: necesita entender que en ese rincón está completamente seguro.

5 Enseguida, aplica las recomendaciones que te damos en los otros capítulos de este libro: haz que haga ejercicio. Préstale menos atención en la casa y sácalo a pasear más a menudo para que puedan compartir momentos juntos, en otro contexto. Tendrás un resultado incomparable: ¡se desfogará! Un perro que hace ejercicio es un perro que se queda tranquilo y que se estresa mucho menos.

6 Para terminar, anímalo a practicar activi-dades que pueda realizar solo. Si es de buen comer, aprovecha este placer suyo, por ejem-plo, para ocultar croquetas en el jardín, entre las macetas de las flores, ofrécele un juguete hueco relleno de alimento. Disfrutará estas actividades por horas y se olvidará de vigi-larte en todo momento. En resumen, desvía su atención para que aprenda a estar solo. Es más o menos la misma técnica para lograr que un niño que está creciendo aprenda a jugar solo, sin exigir en todo momento la atención de los padres...

Entre amo y perro, ¿quién es más dependiente?

Si tu perro vive pegado a ti y si tienes la posibilidad, delega a otros miembros de tu familia las tareas relacionadas con el animal (alimentarlo, sacarlo a pasear). Así le ayudarás a que se separe un poco de ti.

Seguramente resultará difícil al principio, pero ten la certeza de que es para su bien. A final de cuentas, en muchas ocasiones, comenzar es más difícil para el amo que para el perro.

5

Mi perro se sube
A LA CAMA, AL SOFÁ…

¡Ah, qué bien se siente dormir en un lugar acogedor! En la vida diaria, la cama y el sofá, sus lugares favoritos, son la encarnación de la comodidad: no deja ir una sola oportunidad para escabullirse a nuestras espaldas y acomodarse.

▲ El perro no deja ir una sola oportunidad para lanzarse sobre la cama de su amo. Te toca poner límites.

RECUPERA TU SOFÁ

¿Si eres un perro, qué sueño podría ser más dulce que aventarte sobre los cojines? Son cómodos y huelen rico, como tu amo. Son un verdadero refugio para tomar una siesta sumamente apacible… hasta que lo despiertas con gritos al ver tus cojines llenos de pelos, y entonces se baja inmediatamente, perseguido por reproches. Huirá hacia su rincón o su tapete, donde se echará lanzándote una mirada de desconsuelo o abatimiento. ¡Y se quedará esperando la siguiente oportunidad que tenga para recuperar su cama!

¿Cómo hacer que abandone esta costumbre tan odiosa? Como en los otros casos, no dejará de hacerlo hasta que se tope con más inconvenientes que ventajas, incluso en tu ausencia. De otro modo, podrás gritarle, castigarlo, prohibirle el acceso poniendo sillas alrededor del sofá o cerrar la puerta de tu habitación con llave… todo esto no es más que una barrera física para tu perro y no por ello se le quitarán las ganas. Regresará a la primera oportunidad.

¿QUÉ HACER CUANDO ESTÁS AUSENTE?

1 Consigue una cinta adhesiva de doble cara para pegar los tapetes, y pega varias tiras en el sofá. Evita que contraste demasiado: no pegues cinta blanca en un sofá negro. Cuanto menos visible, mejor. El perro saltará, la cinta se pegará a su pelaje e intentará despegarla, pero se le pegará en otro lado. No causa dolor, ¡pero le resultará fastidioso, para que no vuelva a hacerlo!

2 Coloca trampas para ratones sobre el sofá o la cama y cúbrelas con toallas. El perro trepará y ¡tap, tap, tap! ¡Sorpresa! No habrá riesgos si distiendes los resortes, pero sorprendido, ¡evitará subirse a la almohada gigante!

También existen tapetes que sueltan una pequeña descarga eléctrica al contacto, pero nosotras no los tenemos disponibles en nuestra sala de armas.

➤ Coloca cinta adhesiva de doble cara… muy disuasiva.

¿QUÉ HACER CUANDO ESTÁS PRESENTE?

1 Mantén siempre a tu perro con una correa. Oblígalo a bajar al tiempo que exclamas "Abajo" y tiras ligeramente del lazo. Cuando te obedezca, prémialo con un bocadillo o un apapacho.

2 Cuando se está alistando para saltar a la cama o al sofá, le echa un ojo y dobla las patas para impulsarse. En ese preciso momento, dile "¡No!" enérgicamente, que tu negativa no deje lugar a dudas. Ordénale "Échate" y recompénsalo.

3 Instala barreras de seguridad para bebé y enséñale a tu perro que está prohibido saltarlas. Para esto, dile "¡No!" enérgicamente. El objetivo no es colocar una barrera física que le impida el paso, sino delimitar una zona en la que no tiene permiso para entrar y en donde tenga restringido el acceso.

➤ Oblígalo a bajar sistemáticamente...

➤ ... o rocíale agua con un rociador.

Atención, no te confundas de problema...

Si tu perro se sube a la cama y al sofá sin complejos y a pesar de tus prohibiciones, e incluso te amenaza si intentas desalojarlo, consulta el capítulo Mi perro es agresivo, páginas 60 a 71, ya que el problema se deriva más bien del manejo de espacios que de una mala costumbre. Será necesario que establezcas una serie de reglas, ya que en este caso, el comportamiento sólo es la punta del iceberg.

> *Cuando un perro se siente el jefe, controla los espacios: los demás perros deben moverse cuando pasa y duerme en lugares estratégicos...*
> *En resumen, toma todas las decisiones.*

Mi perro ESCARBA Y ESCARBA...

Amas tu jardín, pero desde hace algún tiempo parece que lo invadió un ejército de topos.

¿POR QUÉ LO HACE?

Tu adorable perrito gasta toda su energía buscando petróleo o quizá sólo está buscando un hueso imaginario. A este ritmo, tu césped estará agonizando antes de fin de mes. En cuanto le das la espalda, empieza a escarbar, ¡y le encanta! ¿Cómo detener esta masacre? ¿Lograrás salvar la vida de tu césped? Ante ti se presenta un desafío que dejará sin aliento a todo el vecindario, ¡alerta roja!

▲ Un jardín representa diversión para el perro, pero cuando se queda solo y se aburre, ¡empieza a escarbar!

Imagínate que te quedas solo todo el día en un jardín, siempre con los mismos juguetes, las mismas actividades, sin nadie con quien hablar, ¡te morirías de aburrimiento! Las personas nos aburrimos y, ¿qué crees? Los perros también. Para llenar este vacío, puede empezar a cavar un hoyo o un cráter o un túnel. Escarbar requiere de concentración y habilidad, es decir, ¡te mantiene ocupado! Esta actividad puede convertirse en un reflejo rápidamente. Si fuera el caso, consulta las páginas 120-123, que hablan acerca de los TOC.

ALGUNAS SOLUCIONES

1 Evita practicar jardinería delante de él: si nota que te gusta, él también lo intentará.

2 Asígnale un lugar autorizado lleno de arena para que escarbe. Puedes recompensarlo cuando vaya a este lugar para que comprenda que ese rincón es para él y puedes animarlo a escarbar ahí si entierras algunos bocadillos. Cuando lo intente en tu jardín, exclama "¡No!" enérgicamente y llévalo a su lugar asignado.

3 Está aburrido, así que necesitas encontrar algo que lo mantenga ocupado y que no sea la jardinería. Ofrécele juguetes huecos rellenos de alimento, carnazas y otros juguetes. Escóndelos, amárralos en un árbol a una altura que le permita alcanzarlos, elabora un juego de pistas. Todas las ideas son buenas para mantener ocupado a tu perro.

4 Antes de dejar solo a tu perro, dale la oportunidad de cansarse física y mentalmente. Es menos probable que un perro cansado tenga energías para desquitarse con tu jardín.

5 Durante tu ausencia, busca a alguien de confianza, a un profesional o a un amigo y pide que saquen a pasear a tu perro. Así evitarás todos los problemas relacionados con el aburrimiento.

6 Evita gritarle y perseguirlo cuando descubras un hoyo, porque lo tomará a juego. Sólo lograrás que repita la acción para obtener tu reacción. Es mejor que lo sorprendas justo cuando comience a escarbar: en ese momento, arrójale algo desagradable pero que no sea peligroso, por ejemplo, una botella de plástico con algunas piedras muy pequeñas. De esta manera, asociará "empezar a escarbar" con "sorpresa desagradable".

¡Atención, puede ser TOC!

Debes estar alerta a todo comportamiento repetitivo: ¿es una actividad obsesiva que oculta otro problema de fondo, o es de verdad el puro placer de husmear? Ciertas razas, en especial los terrier, en efecto adoran escarbar por escarbar, pero otros perros desarrollan este comportamiento a un nivel obsesivo y destrozan el césped sólo para vaciar toda la energía que tienen.

> *De igual modo, pueden interesarse en esta actividad para aliviar un nivel de estrés muy alto. Observa cuán agitado se muestra el resto del tiempo. Si sigue agitado, puede tratarse de un TOC.*

4

Acompañarlo
EN SU VEJEZ

Muy lentamente, a medida que se acerca el final, notarás cambios en tu amigo. Todos estos pequeños detalles te oprimen el corazón. Estás consciente de que, inevitablemente, el tiempo pasa y que, un día, él ya no estará contigo.

ESTÁ ENVEJECIENDO

Juega menos, los paseos se vuelven más cortos. Antes adoraba los rincones más frescos, y ahora se acerca más al fuego durante el invierno. En la mañana, a veces le cuesta trabajo levantarse. Tiene viejos dolores en las articulaciones que resurgen; su apetito es irregular y también sus horas de sueño: duerme más o padece noches de insomnio que lo mantienen despierto (y a

ti también). Empieza a quedarse ciego o por momentos parece embebido en sus pensamientos. Cada vez escucha menos y se sobresalta cuando lo acaricias.

Además de los problemas de salud (que son terreno del veterinario) al igual que en los humanos, tu perro puede desarrollar comportamientos inesperados, que en ocasiones te dejarán desconcertado y hasta angustiado. Con la finalidad de que puedas ayudarlo de la

mejor forma durante su vejez, enseguida te presentamos algunos de los síntomas conductuales que se presentan con mayor frecuencia en los caninos de edad más avanzada. Estas manifestaciones suelen ser esporádicas y sólo se acentúan a medida que pasan los años. Así que debes estar atento cuando aparezcan, para evitar que se vuelvan rutinarias y problemáticas.

¿CÓMO ACOMPAÑAR A TU PERRO?

Ahora que tu perro envejece, es conveniente que lo rodees de cuidados. Para acompañarlo de la mejor forma, será necesario que vigiles una serie de detalles pequeños con los que podrás evitar problemas.

El perro anciano es como una persona vieja: más emotivo y menos armado para defenderse de las agresiones de la vida, tanto físicas como mentales. Por esto, ahora es necesario que le des más atenciones que antes.

Procura no abandonarlo por mucho tiempo: si lo mantienes estimulado física y mentalmente, le permitirás mantenerse activo. Además, esto es vital si deseas brindarle todas las oportunidades para que él ponga su mejor esfuerzo y enfrente la vejez de la mejor manera.

¡Viejo, pero juguetón! Incluso cuando son viejos, a los perros les gusta jugar con juguetes nuevos e interesantes. Estimula a tu perro, que no duerma todo el día en su rincón. Enséñale nuevos trucos con bocadillos como incentivo... aunque sea sordo, conserva el olfato.

Sus necesidades alimenticias están cambiando. Tu perro necesita alimentos más fáciles de digerir y de masticar, complementados con vitaminas y minerales. Y necesita una dieta bien balanceada. Consulta con el veterinario sobre el alimento más adecuado para tu perro.

Proporciónale cierto confort para las articulaciones. Con frecuencia, los perros viejos sufren dolores, así que acondiciónale una camita bien acojinada, que sea cómoda y de fácil acceso. Consulta con el veterinario si es necesario que pongas su recipiente de alimento a mayor altura para no forzar sus articulaciones.

Los perros viejos se apegan mucho a sus hábitos y rituales, esto les hace sentir más seguros. Por ello, evita perturbar demasiado su ritmo de vida. Nunca sorprendas ni perturbes a tu perro de manera imprevista. Quizás esté un poco sordo y ciego, así que avísale antes y acércate a él con suavidad.

ÍNDICE

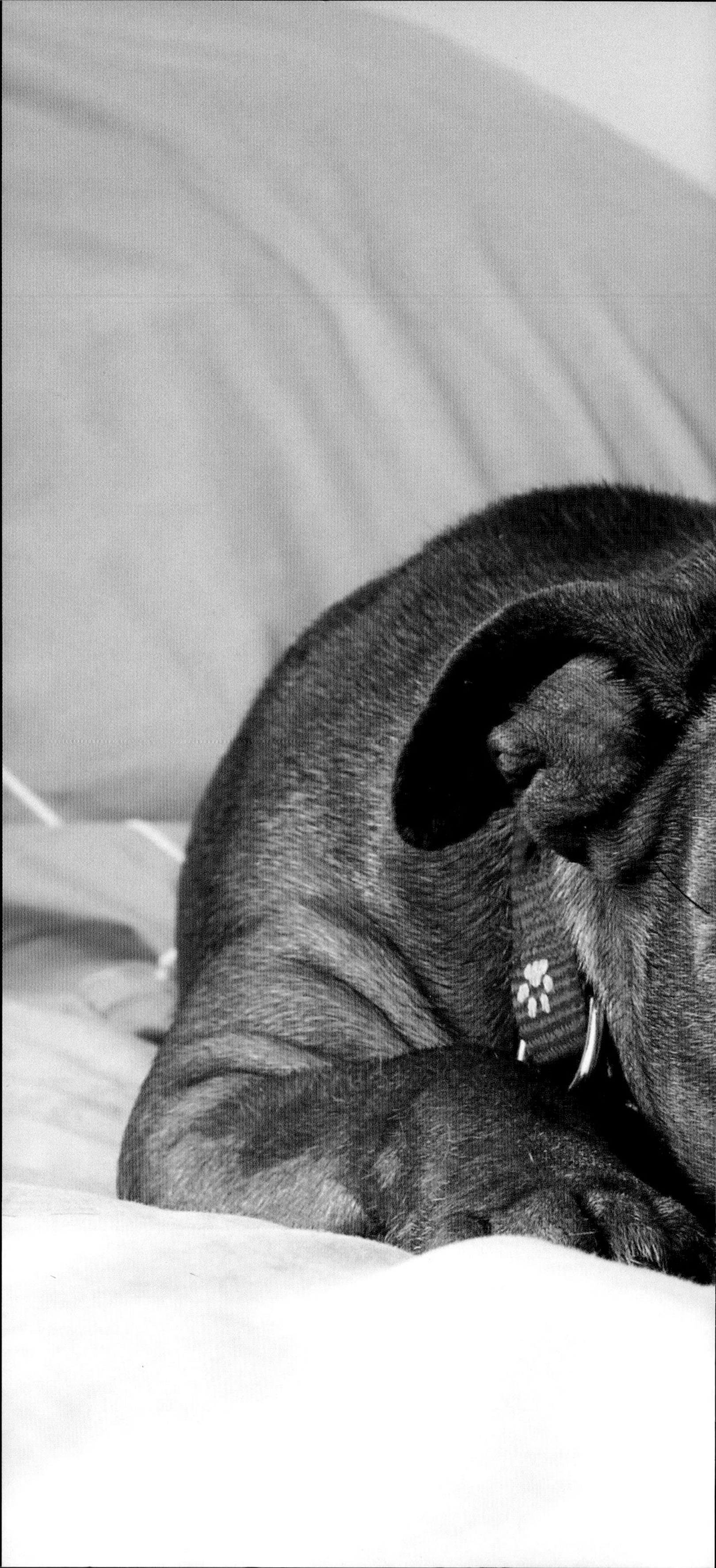

ÍNDICE

ÍNDICE

AGRADECIMIENTOS

El editor desea agradecer a los propietarios de los perros fotografiados para los reportajes por su voluntad y su confianza, así como a todos los que han aceptado confiarnos sus fotografías personales.

BIBLIOGRAFÍA

Bourdin (Monique), *Qualité comportementale, socialisation/facteurs environnementaux,* séminaire de la SFC, avril 2001.

Cayrol (Alain), **De Saint Paul** (Josiane), *Derrière la magie,* InterÉditions, 2010.

Cyrulnik (Boris), *Les Vilains petits canards,* collection "Poches", Odile Jacob, 2004.

Dictionnaire du comportement animal, Éditions Robert Laffont, 1990.

Hévin (Bernard), **Turner** (Jane), *Manuel de coaching,* Dunod, 2003.

Immelmann (Klaus), *Dictionnaire de l'éthologie,* Éditions Pierre Mardaga, 1995.

Lessard (Jean), *Comme un chien,* Éditions de l'Homme, 2003.

Lorenz (Konrad), *L'Agression,* collection "Champs Sciences", Flammarion, 1969.

Teroni (Evelyne), **Cattet** (Jennifer), *Le Chien, un loup civilisé,* Éditions de l'Homme, 2008.

Watzlawick (Paul), *Le Langage du changement,* Seuil, 1986.

Weiss (Alain), *Le Comportement du chien et ses troubles,* Éditions Med'Com, 2002.

CREDITOS FOTOGRÁFICOS

Fotografías de Olivier Ploton: © Archives Larousse: p. 15 (ib); p. 19 (ia); p. 22 (a); p. 24; p. 25 (a); p. 27 (bi y d); p. 39 (b); p. 42-43; p. 44 (d); p. 45; p. 46 (b); p. 47 (a); p. 48; p. 50-54; p. 55 (b y d); p. 56-57; p. 58 (di y b); p. 59; p. 66 (a); p. 67 (b); p. 71 (ad y b); p. 72-73; p. 74 (b); p. 75; p. 77 (i); p. 78; p. 79 (i); p. 88 (d); p. 94; p. 95 (b); p. 96 (d); p. 98 (b); p. 99 (a); p. 100 (b); p. 101 (b); p. 103 (ad); p. 106 (m); p. 108 (i); p. 115; p. 118 (d); p. 121 (ai); p. 123; p. 138 (b); p. 139 (b); p. 141 (a); p. 143 (i); p. 144 (i); p. 146 (d); p. 147

Fotografías de Vanessa Grossemy: p. 8-9; p.12 (a y bd); p. 13 (b); p. 16 (i); p. 17; p. 18 (d); p. 19 (b); p. 21 (d); p. 22 (b); p. 23 (a y d); p. 25 (bg); p. 27 (ai); p. 30 (i); p. 31 (d); p. 32 (ai); p. 34 (d); p. 35; p. 36 (a); p. 37 (d); p. 40-41; p. 44 (i); p. 47 (b); p. 49 (i); p. 62 (i); p. 65 (a); p. 67 (a); p. 68 (i y b); p. 71 (ai); p. 77 (d); p. 80-81; p. 83 (m); p. 85 (d); p. 86 (a); p. 87 (b); p. 88 (d); p. 90-91; p. 92; p. 93 (di y b); p. 96 (i); p. 97 (d); p. 98 (a); p. 99 (b y d); p. 100 (d); p. 104-105; p. 106 (d); p. 110-111; p. 112 (b); p. 114 (m); p. 116 (a); p. 118 (i); p. 119 (bi); p. 120 (m; d y b); p. 121 (b); p. 124 (bd); p. 125 (b); p. 126 (a); p. 127 (a); p. 128 (d); p. 129; p. 131 (ad y b); p. 132; p. 133 (i); p. 134 (d); p. 136; p. 137 (m); p. 140; p. 141 (b); p. 143 (d); p. 144 (d); p. 145 (ad y b); p. 148 (i); p. 149 (a); p. 150; p. 151 (d)

Agencia Istockphoto: p. 10-11 f. © narcisa – floricica buzlea; p. 12 (i) f. © Daniel Korzeniewski p. 13 (d) f. © jean frooms; p.19 (ad) f. © Kjell Brynildsen; p. 21 (a) f. © Pavel Timofeev; p. 23 (b) Andrew Helwich; p. 25 (bd) f. © Anton Ferreira; p. 27 (ad) f. © Thye Aun Ngo; p. 28-29 f. © Julie Vader; p. 37 (a) f. © narcisa – floricica buzlea; p. 49 (a) f. © Sia Yambasu; p. 58 (ad) f. © Jason van der Valk; p. 60-61 f. © zudy-box; p. 62 (a) f. © Fred de Bailliencourt; p. 62 (m) f. © Yuriy Zelenenkyy; p. 62 (b) f. © zudy-box; p. 64 (i) f. © rollover; p. 64 (d) f. © Tyler Stalman; p. 65 (bi) f. © webphotographeer; p. 65 (d) f. © jean gill; p. 66 (b) f. © SashaFoxWalters; p. 69 (d) f. © David LoSchiavo; p. 70 (i) f. © Joseph Bergevin; p. 70 (d) f. © Shelly Perry; p. 76 (d) f. © Lisa Kyle Young; p. 83 (ad) f. © PK-Photos; p. 84 (a) f. © Temelko Temelkov; p. 84 (b) f. © JOSE JUAN GARCIA; p. 88 (m) f. © stocknshares; p. 95 (a) f. © Andrzej Mielcarek; p. 96 (m) f. © Yougen; p. 97 (a) f. © Wolfgang Schoenfeld; p. 101 (a) f. © Heinrich Volschenk; p. 102 (i) f. © james boulette; p. 102 (d) f. © Jason Orender; p. 103 (ai) f. © Jan Tyler; p. 103 (b) f. © jean frooms; p. 106 (i) f. © iurii Konoval; p. 107 (a) f. © Mark Coffey; p. 108 (d) f. © clotilde hulin; p. 109 (i) f. © Trent Bell; p. 109 (d) f. © Alexey Stiop; p. 113 (i) f. © Keith Duford; p. 114 (i) f. © iztok noc; p. 114 (d) f. © Aleksandar Jaksic; p. 117 (ai) f. © Andy Gehrig; p. 117 (ad) f. © Claudio Arnese; p. 117 (b) f. © Waltraud Ingerl; p. 119 (dh) f. © Brett Hillyard; p. 119 (m) f. © Sava Alexandru; p. 120 (i) f. © Tuomas Elenius; p. 122 (m) f. © svitlana pylypenko; p. 122 (d) f. © iztok noc; p. 125 (a) f. © han3617; p. 127 (bg) f. © Karen Massier; p. 127 (bd) f. © Nils Henrik Pedersen; p. 128 (i) f. © Thye Aun Ngo; p. 130 (i) f. © Jodi Jacobson; p. 131 (ai) f. © Judy McPhail; p. 133 (d) f. © Tobias Helbig; p. 134 g) f. © Ivan Mayes; p. 135 (d) f. © Andy Gehrig; p. 137 (i) f. © PK-Photos; p. 137 (d) f. © suemack; p. 139 (a) f. © Katherine Moffitt; p. 142 (a) f. © Julie Vader; p. 142 (b) f. © Florea Marius Catalin; p. 148 (ad) f. © Mark Kolbe; p. 148 (b) herbert Phillips; p. 149 (b) f. © James Brey; p. 151 (i) f. © Dieter Spears

Agencia Fotolia: p. 14 f. © Olesya Nosova; p. 15 (d) f. © Amanda Hartfree-Bright; p. 20 (i) f. © Harald07; p. 30 (d) f. © Aliaksei Hintau; p. 32 (d) f. CALLALLOO Canis; p. 39 f. © sprotte_90; p. 55 (a) f. © Andrejs Pidjass; p. 63 f. © jon Madison; p. 69 (a) f. © Conny Hagen; p. 79 (a) f. © Alexey Fursov; p. 87 (ad) f. © cynoclub; p. 93 (ad) f. © Berchtesgaden; p. 112 (a) f. © Darren Bellhouse; p. 113 (d) f. © lolsagain

Otras fuentes: p. 15 (a) f. © Karine Baudemont; p. 16 (d) f. © Pierre Delprat; p. 18 (i) f. © Karine Baudemont; p. 20 (d) f. © Pierre Delprat; p. 24 (d) f. © Pierre Delprat; p. 26 f. © Pierre Delprat; p. 31 (ai) f. © Pierre Delprat, (bi) f. © Karine Baudemont ; p. 32 (b) f. © Pierre Delprat; p. 33 f. © Pierre Delprat; p. 34 (i) f. © Karine Baudemont; p. 36 (b) f. © Karine Baudemont; p. 37 (b) f. © Karine Baudemont; p. 38 f. © Pierre Delprat; p. 39 (a) f. © Pierre Delprat; p. 46 (a) f. © Pierre Delprat; p. 68 (a) f. © Pierre Delprat; p. 74 (a) f. © Pierre Delprat; p. 76 (ai) f. © Pierre Delprat; p. 82 f. © Pierre Delprat; p. 83 (i) f. © Pierre Delprat; p. 85 (ai y bi) f. © Pierre Delprat; p. 86 (b) f. © Pierre Delprat; p. 87 (ai) f. © Pierre Delprat; p. 89 f. © Pierre Delprat; p. 102 (m) f. © Karine Baudemont; p. 107 (b) f. © Pierre Delprat; p. 116 (b) f. © Karine Baudemont; p. 118 (m) f. © Pierre Delprat; p. 121 (ad) f. © Pierre Delprat; p. 122 (i) f. © Karine Baudemont; p. 124 (a y bi) f. © Pierre Delprat; p. 126 (b) f. © Pierre Delprat; p. 130 (d) f. © Karine Baudemont; p. 135 (i) f. © Karine Baudemont; p. 138 (i) f. © Karine Baudemont; p. 145 (ai) f. © Karine Baudemont; p. 146 (i) f. © Pierre Delprat